**国家电网**
**STATE GRID**

**国网能源研究院有限公司**
STATE GRID ENERGY RESEARCH INSTITUTE CO., LTD.

# 2023
# 新型电力系统发展分析报告

国网能源研究院有限公司　编著

中国电力出版社
CHINA ELECTRIC POWER PRESS

国网
能源研究
STATE GRID
ENERGY RESEARCH

**图书在版编目（CIP）数据**

新型电力系统发展分析报告 .2023 / 国网能源研究院有限公司编著. —北京：中国电力出版社，2024.3
ISBN 978-7-5198-8712-4

Ⅰ.①新… Ⅱ.①国… Ⅲ.①电力系统－工业发展－研究报告－中国－ 2023 Ⅳ.① F426.61

中国国家版本馆 CIP 数据核字（2024）第 025580 号

出版发行：中国电力出版社
地　　址：北京市东城区北京站西街 19 号（邮政编码 100005）
网　　址：http : //www.cepp.sgcc.com.cn
责任编辑：刘汝青（010-63412382）　安小丹
责任校对：黄　蓓　朱丽芳
装帧设计：张俊霞　赵姗姗
责任印制：吴　迪

印　　刷：三河市万龙印装有限公司
版　　次：2024 年 3 月第一版
印　　次：2024 年 3 月北京第一次印刷
开　　本：787 毫米 ×1092 毫米　16 开本
印　　张：11.25
字　　数：219 千字
印　　数：0001—1500 册
定　　价：228.00 元

# 声　　明

一、本报告著作权归国网能源研究院有限公司单独所有。如基于商业目的需要使用本报告中的信息（包括报告全部或部分内容），应经书面许可。

二、本报告中部分文字和数据采集于公开信息，相关权利为原著者所有，如对相关文献和信息的解读有不足、不妥或理解错误之处，敬请原著者随时指正。

# 序　言

经过一年来的艰辛探索和不懈努力，国网能源研究院有限公司（简称国网能源院）遵循智库本质规律，思想建院、理论强院，更加坚定地踏上建设世界一流高端智库的新征程。百年变局，复兴伟业，使能源安全成为须臾不可忽视的"国之大者"，能源智库需要给出思想进取的回应、理论进步的响应。因此，对已经形成的年度分析报告系列，谋划做出了一些创新的改变，力争让智库的价值贡献更有辨识度。

在 2023 年度分析报告的选题策划上，立足转型，把握大势，围绕碳达峰碳中和路径、新型能源体系、电力供需、电源发展、新能源发电、电力市场化改革等重点领域深化研究，围绕世界 500 强电力企业、能源电力企业数字化转型等特色领域深度解析。国网能源院以"真研究问题"的态度，努力"研究真问题"。我们的期望是真诚的，不求四平八稳地泛泛而谈，虽以一家之言，但求激发业界共同思考，在一些判断和结论上，一定有不成熟之处。对此，所有参与报告研究编写的研究者，没有对鲜明的看法做模糊圆滑的处理，我们对批评指正的期待同样是真诚的。

在我国能源发展面临严峻复杂内外部形势的关键时刻，国网能源院对"能源的饭碗必须端在自己手里"，充满刻骨铭心的忧患意识和前所未有的责任感，为中国能源事业当好思想先锋，是智库走出认知"舒适区"的勇敢担当。我们深知，"积力之所举，则无不胜也；众智之所为，则无不成也。"国网能源院愿与更多志同道合的有志之士，共同完成中国能源革命这份"国之大者"的答卷。

国网能源研究院有限公司

2023 年 12 月

# 前　言

早在 2021 年 3 月，习近平总书记在中央财经委员会第九次会议上，首次提出了新型电力系统的概念。紧随其后，我国电力行业百花齐放、百家争鸣，积累了十分丰富的新型电力系统实践资源。尤其是 2023 年 7 月，中央全面深化改革委员会第二次会议审议通过的《关于深化电力体制改革加快构建新型电力系统的指导意见》，更是具有新型电力系统建设的里程碑意义。国网能源院研究团队在这样的大势之下，就新型电力系统的清洁低碳、安全充裕、经济高效、供需协同、灵活智能分领域展开深入解析，力求深刻剖析新型电力系统的发展本质，为在推动电力高质量发展这个首要任务下，加快形成更多电力新质生产力，做更加充分的思想准备。

构建新型电力系统是国家能源安全新战略在新发展阶段的进一步深化和发展，也是我国能源电力行业实现碳达峰碳中和目标的根本途径。两年多来，电力行业持续加快高质量发展和低碳转型升级，对新型电力系统的认识不断深化。构建新型电力系统要立足我国能源资源禀赋，坚持先立后破，统筹发展和安全，统筹保供和转型；要坚持系统观念，统筹源 - 网 - 荷 - 储 - 碳 - 数 - 智 - 治八个要素，夯实源网荷储物理内核，促进电碳协同融合，强化数智治赋能驱动；要"硬技术"和"软技术"两手抓，既要推动关键核心技术攻关，又要进行顶层设计、加强电力现代化治理、创新应用新技术新业态新模式等。构建新型电力系统是一项复杂艰巨的系统工程，不可能一蹴而就、毕其功于一役，需要在继承中创新，在创新中发展，并不断总结经验。

本报告在持续跟踪国内外电力系统转型发展的基础上，力图建立完善新型电力系统总体分析框架，总结典型实践案例，并借鉴国际经验，分析电力系统转型发展情况，给出相关启示，以期为政府、企业及科研机构提供专业信息和决策参考。

本报告共分为 5 章。第 1 章为新型电力系统概况，从发展形势、内涵特征、演化逻辑、形态目标等方面，深化对新型电力系统的认识；第 2 章为新型电力系统形态演进，从源 - 网 - 荷 - 储 - 碳 - 数 - 智 - 治八个要素等方面，分析新型电力系统演进情况；第 3 章为技术创新驱动，分析基础性、关键性、颠覆性技术创新对新型电力系统演进的影响；第 4 章为机制创新保障，从政策体系、市场机制、安全保障、业态模式等维度，分析新型电力系统构建过程中的政策和机制需求；第 5 章为典型国家和地区电力系统转型探索，分析国外电力系统转型发展探索与启示。

本报告中的电源结构、电网规模、负荷特性等指标数据，尽可能采用 2023 年数据；受限于数据来源渠道，部分指标采用 2022 年数据。

受编著者水平所限，虽然对报告进行了反复研究推敲，但难免仍会存在疏漏与不妥之处，恳请读者批评指正！

编著者

2023 年 12 月

# CONTENTS 目录

# 第 4 章 ｜ 机制创新保障

# 概　述

新型电力系统是新型能源体系的重要组成和实现"双碳"目标的关键载体。随着构建新型电力系统深入推进，电源结构、电网形态、负荷特性、运行机理、技术基础等方面出现深刻变化，主要表现在：电源结构由可控连续出力的煤电装机占主导，向强不确定性、弱可控出力的新能源发电装机占主导转变；电网形态由单向逐级输电为主的传统电网，向包括交直流混联大电网、有源配电网、微电网和分布式电源、可调节负荷在内的能源互联网转变；负荷特性由传统的刚性、纯消费型，向柔性、生产与消费兼具型转变；运行机理由"源随荷动"的实时平衡模式、大电网一体化控制模式，向"源网荷储协同互动"的非完全实时平衡模式、主 - 配 - 微协同控制模式转变；技术基础由同步发电机为主导的机械电磁系统，向电力电子设备和同步机共同主导的混合系统转变。

本报告坚持系统观念、问题导向，分析新型电力系统发展形势、内涵特征、演化逻辑、形态目标等内容，基于源 - 网 - 荷 - 储 - 碳 - 数 - 智 - 治八个要素分析演进情况，从技术创新、机制创新驱动力维度分析构建过程中的政策和机制需求，并总结典型国家和地区电力系统转型探索经验。主要观点如下：

（1）构建新型电力系统的内涵和要求进一步明确，深化认识"五个特征""八个要素"是高质量构建的基础。

高质量构建新型电力系统需要坚持系统观念，持续深化内涵特征、要素演化的认识，对于进一步明确构建要求，有序推进各组成要素一体协调可持续发展具有重要意义。

**内涵特征方面**

清洁低碳是发展方向、安全充裕是前提基础、经济高效是标尺基线、供需协同是关键举措、灵活智能是重要支撑。其中，安全充裕、供需协同为首次提出。强调安全充裕，就是要保证足够的备用容量、灵活调节资源，以一定裕度满足经济社会发展的充裕性原则，处理好电力发展和安全、保供和转型，以及安全、绿色、经济的三角关系。强调供需协同，就是要加强源网荷储的一体化协同发展、协同运行，促进新型电力系统高质量发展。

要素演化方面

　　**源 - 网 - 荷 - 储 - 碳 - 数 - 智 - 治八个要素组成了持续完善认识新型电力系统的框架。**伴随经济社会发展和电力技术创新，电力系统组成要素逐步丰富，从最初的荷随源动（源荷）、源随荷动（源网荷），到源荷互动（源网荷储），再到多要素一体化协同互动，清华大学提出源 - 网 - 荷 - 储 - 碳 - 数六个要素，国网能源院提出源 - 网 - 荷 - 储 - 碳 - 数 - 智 - 治八个要素。主要表现在：物理内核进一步多元，源网荷储都需在确保电力供应安全的前提下实现绿色低碳转型；碳既是目标也是约束，需要加强电碳协同融合；数智治为电碳赋能，是新型电力系统发展的第一动力。

　　（2）新型电力系统多要素一体化协同发展基础进一步夯实，煤电仍为主体、新能源发电比重持续提升的多元供应体系逐步完善，支撑新能源供给消纳体系建设、新要素发展的电网配置能力大幅提高，"产消者"逐步成为重要平衡调节资源，源网荷侧储能差异化发展，电碳协同、数智治赋能支撑的多要素融合能力持续提升。

多元供应体系方面

　　**新能源规模化发展的同时，煤电等常规电源继续承担着兜底保障作用，灵活调节电源建设有待进一步加强。**全国非化石能源发电装机占总装机容量比重持续提高，目前煤电仍是最主要的电源。全国煤电装机容量占比由 2020 年的49% 降至 2022 年的 43.8%，发电量占比接近 60%。2022 年光伏、风力发电新增装机容量超过 1.2 亿千瓦，连续三年突破 1 亿千瓦，其中，光伏发电新增 8741 万千瓦，远大于风电新增 3763 万千瓦，极端天气频发增加电源不确定性，且当前风光装机结构变化进一步加剧晚高峰供需矛盾，增大保供压力。灵活调节电源配置不足，传统调节电源占比近几年维持在 6% 左右，难以满足新能源高比例增长对系统调节能力的需求。

**多形态电网协同发展方面**

　　跨省跨区输电能力稳步提升，支撑新能源供给消纳体系的建设，主配微电网协同发展，进一步提升新要素承载能力。电力资源优化配置能力进一步提升，2022 年全国跨区电力流超过 3 亿千瓦。送端电网支撑沙戈荒大型风光基地送出，受端电网完善特高压网架支撑，区域电网有效提升潮流疏解及省间互济能力。随着分布式新能源、柔性负荷、新型储能等新要素规模化接入，配电网综合承载能力、要素管控能力逐步提升。物理系统层面，配电网从单向供电向双向互动转变，并伴随潮流分布概率化、分层分群协同化、源网荷储一体化；业态聚合层面，配电网充分发挥需求侧资源配置平台作用，聚合用户侧资源，高效承载各类主体对能源资源的优化配置。

**负荷特性柔性互动方面**

　　第三产业和居民生活用电负荷比重持续提升，负荷峰谷差拉大，负荷柔性互动潜力有待进一步挖掘。电能占终端能源消费比重逐步提升，2022 年超过 27%。第三产业和居民生活用电负荷波动特性明显，2022 年国家电网经营区夏季、冬季负荷增速分别达到 11.4%、12.1%，造成负荷峰谷差拉大，负荷尖峰化特征明显，2022 年国家电网经营区最大日峰谷差达到 2.85 亿千瓦，近五年平均增速达到 7.8%。分时电价政策效果初步显现，一定程度降低用电峰谷差率，但难以改变日平均峰谷差率逐渐上升的趋势。数据中心、5G 基站、电动汽车、绿电制氢等新兴负荷用电规模已较为可观，但柔性互动潜力存在较大差异。

**多类型储能布局方面**

　　储能呈现规模化发展，成为系统重要调节资源，当前主要提供日内调节功能。受新能源消纳需求刺激和政策扶持，储能增长迅猛，其中，抽水蓄能占比最高，电化学储能成为增长主力。2022 年底储能累计装机规模达 5980 万千瓦，抽水蓄能、新型储能占比分别为 77.1%、21.9%；储能在电力系统中主要参与调峰调频、提供输配电功能，是促进电力系统安全、经济、高效运行的有效手段。在极端天气条件下新能源出力长时间受限时，还缺乏大容量长时段的储能技术用于电力系统调节。

**电碳协同融合方面**

"电 - 碳"市场协同逐步完善，绿电交易、国家核证自愿减排量（CCER）等机制尚处于初步阶段，需要进一步体现新能源的环境价值。当前全国碳市场仍处于初级阶段，碳价变动对电力市场的供求关系影响有限。绿电交易还处于起步阶段，市场化交易机制初步搭建，成熟度有待提升。近期 CCER 加速重启，可为控排企业提供更多履约选择，同时满足其他市场主体的差异化绿色消费需求。

**数字化升级驱动方面**

数字化技术与电力系统深度融合，进一步提升感知、控制能力。推动电力系统在数字空间动态呈现，实现精准刻画和精益管理，依托数字化转型实现对电网核心资源的全量、全过程科学管理。当前，数字孪生等数字化技术加快应用，服务新能源规划建设运行，促进物理电网在数字空间的动态管理，丰富和提升了新型电力系统可观可测、可调可控"四可"控制能力。

**智能化智慧推动方面**

深化典型场景应用，持续提升电力系统辅助决策、风险预警、价值创造能力。以"大云物移智链边"等先进数字信息技术推动电力系统开展计算推演、智能决策和互动调节，依托"算力""数力"和"智力"的融合，提升电力调度、交易、运维等相关环节的辅助决策、风险预警水平。通过数据流优化能量流、业务流和价值流，重构原有业务模式，并孵化新模式、新业态。

**治理保障支撑方面**

能源转型政策体系、市场机制建设进一步完善，加快推进电力治理体系和电力治理能力现代化。从中央到地方出台了一系列能源电力转型政策，战略规划体系逐步完善，提升了新型电力系统协同推进水平。"统一市场、两级运作"的全国统一电力市场总体框架基本建立，适应市场化要求的电力价格体系初步建立，可激发各主体参与系统调节的活力。

（3）以基础性、关键性、颠覆性技术为主的新型电力系统技术体系初步形成，揭示系统运行机理的基础性技术需长期研究并深化认知，影响系统推进的关键性技术稳步推广应用，助推实现跨越式升级的颠覆性技术尚在研究探索阶段。

**基础性技术方面**

电力系统在较长时期内仍以交流同步运行为基础，高比例新能源接入、高比例电力电子设备接入的电力系统稳定机理仍需探索。针对交直流混联大系统的仿真平台已初步建成，多场景电磁暂态仿真、数字仿真计算分析仍需数智赋能。

**关键性技术方面**

常规电源清洁利用技术、新能源发电效率提升和并网主动支撑技术处于持续发展和试点推广阶段，是统筹传统电源和新能源发展节奏的关键。多端化和网络化交直流输变电技术、灵活化和智能化的配用电技术更加成熟，技术研发和推广应用不断深入，是统筹电网交流与直流、集中式与分布式发展节奏的关键。多类型储能、长时段储能技术处于研究探索和试点应用阶段，是提升系统调节柔性的关键。人工智能、大数据、云计算技术与电力业务的不断深入融合发展，是数智赋能业务的关键。

**颠覆性技术方面**

超导传输技术在特定环境和特殊地域条件下，为传统输电技术无法实现的场合提供电力输送，室温超导是近年来热点，但短期内难以实现规模化应用。可控核聚变技术能提供充足的清洁能源，极大促进能源清洁转型发展，但2050年前商业化应用可能性较小。无线电能传输技术近几年发展很快，但仍处于探索阶段，成本较高，还有很大发展空间，有望依托典型应用场景成为传统输电技术的重要补充。

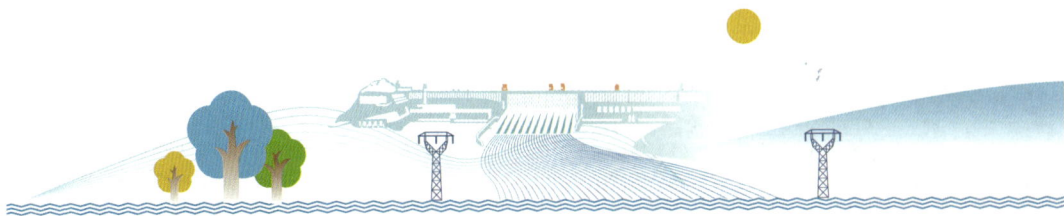

（4）新型电力系统构建过程中，在源网荷储协同规划、多主体安全责任匹配、系统成本疏导、市场主体活力激发等方面存在一些适应性问题，需要加快完善电力政策体系、协同规划机制、市场价格机制、安全保障机制、业态模式创新，形成"有为政府 + 有效市场 + 有序组织"的现代化电力治理体系。

**电力政策体系方面**

　　**新型电力系统发展战略和总体规划等相关顶层设计逐步完善。**《能源法》《电力法》《可再生能源法》等法律进行编修订，为新型电力系统构建提供法治基础。电力体制机制、发展规划、技术升级等方面的内容持续迭代完善。

**协同规划机制方面**

　　**发挥规划引领作用，统筹加强源网荷储各环节、多能源协同规划，推动新能源科学有序发展。**按照"全局统筹、量率一体、保量稳率"原则，科学合理确定新能源发展规模、布局、时序，因地制宜确定储能配置比例。保障新能源、清洁化煤电一体化审批，加强大基地与外送通道衔接，实现"风光基地 + 先进煤电 + 特高压通道"三位一体规划建设。鼓励具备自平衡、自安全、智能化、经济性特征的分布式电源。

**市场价格机制方面**

　　**完善成本疏导机制，保障系统平衡安全调节需求，加强"电 - 碳"市场协同。**煤电容量电价机制的建立充分体现对煤电支撑调节价值的重视，容量电价形成方式将向着更加市场化方向发展，涵盖电源类型将更加多样，进一步夯实常规电源兜底保障作用。完善负荷管理政策机制，提升需求响应的主动性、可靠性。以绿电交易为抓手推动新能源参与市场交易，完善适应新能源发电特性的市场机制。加强电 - 碳在市场空间、价格机制、市场机制和绿色认证等方面的协同，形成推动电力系统低碳转型的最大合力。

**安全保障机制方面**

　　**坚持安全共担、协同共治原则，明确新型电力系统多主体安全应急责任。**完善新能源并网标准和激励机制，提升新能源发电机组频率电压耐受能力以及对系统的支撑能力。清晰界定大电网和分布式系统的安全责任，建立分布式系统的安全履责机制，承担一定比例负荷保障责任。在通道新建工程前期规划、设计评审等阶段，优化线路路径，避免产生新的密集通道。加强政府、企业、社会等主体的电力应急处置协同，充分考虑极端突发事件，提高预案实用性，健全应急预案管理。

**业态模式创新方面**

　　源网荷储各环节涌现出数字化智能化水平更高、参与电力调节能力更强的市场主体，开展了不同商业模式的探索。虚拟电厂市场机制处于起步阶段，相关主体收益渠道有限。以削峰填谷为例，为实现尖峰负荷 5% 容量的调节能力，虚拟电厂的建设、运营、激励等环节成本，不到火电厂成本的 15%，具备一定的经济优势。收益方式包括参与现货市场、辅助服务、开展清洁能源消纳配额效益以及协助用户参与需求响应等四类。车网互动的市场潜力已初步得到验证，发展空间大，当前受到用户充电行为的制约，具备经济性前景的量化案例较少。对比当前不同地区充电负荷，约有 1/3 的充电负荷可从午高峰、晚高峰转移至午夜。共享储能的成本、运营模式相比分布式单体储能具备一定优势，是当前分布式电源大规模发展背景下，面向集约化投资、运营开展的商业模式探索。据估算，共享储能可节省系统成本 2.6% ~ 8.8%，可节省投资成本 18.6% ~ 33.5%。当前共享储能的电价机制仍不明朗，建立可持续的商业模式，是推广应用的关键。

　　（5）大多国家和地区建立了特色鲜明、目标明确的电力转型战略和路径，共同点是政策、技术、市场三重发力，共促能源电力转型走深走实。

**政策引领驱动方面**

　　美国《降低通胀法》和《两党基础设施法案》加大清洁能源政策支持和资金支持力度，重点关注极端天气和气候变化带来的电力安全问题，推动电网的现代化。欧洲风能协会敦促欧盟各国政府出台政策加快推动海上风电项目的建设和并网，充分发挥海上电网带来的诸多经济社会效益。日本实施新能源消纳困难时段输配电价优惠政策，通过价格引导用户配合新能源消纳。

**技术创新支撑方面**

　　欧洲着力加强电网数智化转型、复杂性建模，以适应气候变化对电网安全带来的挑战。澳大利亚建设基于构网型变流器技术的储能电站，提升电网稳定性，同时推动超低成本光伏发电技术应用。日本推动新能源发电在线控制装置应用，通过精细化控制提升利用率。

市场激活带动方面

　　澳大利亚着力加强透明平等并网管理，虚拟电厂参与电力市场试点运行，持续丰富市场主体促进新能源消纳。日本积极挖掘需求侧响应、可控负荷潜力，推进负荷聚合商技术规范的完善及商业模式的实证与推广；并针对大规模新能源并网带来的全社会用电成本增加，推动发电侧分担输配电成本。

（撰写人：王旭斌、张琛　审核人：韩新阳、靳晓凌）

# 1

# 新型电力系统概况

# 1.1 发展的形势要求

党的二十大擘画了以中国式现代化全面推进中华民族伟大复兴的宏伟蓝图，提出要积极稳妥推进碳达峰碳中和，加快规划建设新型能源体系，为推动能源绿色低碳转型指明了方向。电力是经济社会发展的重要物质基础，是实现"双碳"目标的主力军。我国提出构建新型电力系统，是在立足新发展阶段、贯彻新发展理念、构建新发展格局，加快推进生态文明建设，深入贯彻落实能源安全新战略背景下做出的重大决策。

**构建新型电力系统可在能源结构、产业结构的转型升级中发挥引领作用，助力经济社会发展方式绿色转型。** 从能源转型趋势看，我国能源电力"一中心三化"特征越来越凸显，即进入以电力为中心的新阶段，呈现出能源电力化、电力能源化、电力综合化的显著特征。"双碳"目标下推动经济社会发展方式绿色转型有多条可发力路径，构建新型电力系统则是其中一条涉及多元产业和企业创新、转型升级的重要路径，是从源头上推进生态文明建设的重要举措，将推动产业结构、生产方式、生活方式加速调整和深刻变革，促进经济社会方方面面实现绿色转型。

**构建新型电力系统可在保障国家能源安全中更好发挥基础性、枢纽性作用，贯彻落实总体国家安全观。** 随着电力安全与国计民生的联系日益紧密、与其他国家安全领域的耦合联动程度不断加深，电力系统安全作为社会发展的"生命线"，在社会系统中的基础性地位和作用更加凸显，对国家安全体系中多个领域起着支撑保障作用。在电力安全稳定运行越发关乎经济社会发展全局的情况下，应坚持底线思维和极限思维，共同联合并动员政府、企业、社会的力量，共建共保共享电力系统安全。同时，在全球能源供需进入高度不确定的形势下，提升我国能源自给水平、保障国家能源安全意义重大。相比较而言，我国煤炭资源相对丰富，可再生能源开发潜力巨大，电力供应具备自主可控的基本条件。因此，构建新型电力系统是基于我国资源禀赋、提升国家能源安全保障水平的必然选择。

**构建新型电力系统可在更高水平统筹好安全、绿色、经济、共享等多维目标，支撑经济社会高质量发展。** 高质量发展是全面建设社会主义现代化国家的首要任务，而高质量发展离不开体系化的能源支撑。作为新型能源体系的核心，构建新型电力系统要求电力系统要坚持贯彻新发展理念，在更高层面统筹好安全、绿色、经济、共享等多维目标，统筹发

**11**

展和安全，统筹保供和转型，有效发挥能源互联"枢纽"、产业链"链长"、能源转型"排头兵"作用，全面服务能源电力和经济社会高质量发展。

# 1.2 内涵的丰富深化

2021 年 3 月 15 日，中央财经委第九次会议对碳达峰、碳中和做出重要部署，提出构建以新能源为主体的新型电力系统。两年多以来，新型电力系统内涵持续深化，提出了加快构建适应新能源占比逐渐提高的新型电力系统。2023 年 7 月 11 日，中央全面深化改革委员会第二次会议进一步明确新型电力系统内涵特征，**强调加快构建清洁低碳、安全充裕、经济高效、供需协同、灵活智能的新型电力系统。**

表 1-1 新型电力系统概念内涵的发展

| 时间 | 政策文件 / 提出场合 | 政策要点 |
| --- | --- | --- |
| 2021 年 3 月 15 日 | 中央财经委员会第九次会议 | 要构建清洁低碳安全高效的能源体系，控制化石能源总量，着力提高利用效能，实施可再生能源替代行动，深化电力体制改革，**构建以新能源为主体的新型电力系统** |
| 2022 年 5 月 14 日 | 国务院办公厅转发国家发展改革委、国家能源局《关于促进新时代新能源高质量发展实施方案的通知》 | **加快构建适应新能源占比逐渐提高的新型电力系统** |
| 2023 年 6 月 2 日 | 国家能源局《新型电力系统蓝皮书》 | **新型电力系统具备安全高效、清洁低碳、柔性灵活、智慧融合四大重要特征**，其中，安全高效是基本前提，清洁低碳是核心目标，柔性灵活是重要支撑，智慧融合是基础保障，共同构建了新型电力系统的"四位一体"框架体系 |
| 2023 年 7 月 11 日 | 中央全面深化改革委员会第二次会议 | 要深化电力体制改革，**加快构建清洁低碳、安全充裕、经济高效、供需协同、灵活智能的新型电力系统**，更好推动能源生产和消费革命，保障国家能源安全。要科学合理设计新型电力系统建设路径，在新能源安全可靠替代的基础上，有计划、分步骤逐步降低传统能源比重。要健全适应新型电力系统的体制机制，推动加强电力技术创新、市场机制创新、商业模式创新。要推动有效市场同有为政府更好结合，不断完善政策体系，做好电力基本公共服务供给 |

续表

| 时间 | 政策文件 / 提出场合 | 政策要点 |
|------|------------------|---------|
| 2023 年 9 月 7 日 | 新时代推动东北全面振兴座谈会 | 要系统布局建设东北现代基础设施体系，加快论证和建设油气管道、高铁网和铁路网、**新型电网和电力外送通道**、新一代移动通信和数据网，加强同京津冀协同发展、长江经济带发展、长三角一体化发展、粤港澳大湾区建设、西部大开发等国家重大战略的对接，促进东北更好融入全国统一大市场 |

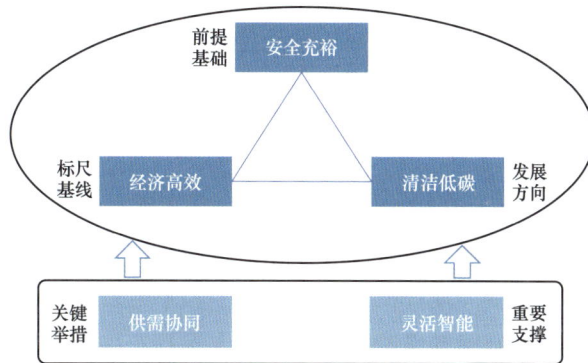

图 1-1  新型电力系统五大特征逻辑关系

**（1）清洁低碳是发展方向。**

　　新型电力系统是实现能源生产与消费绿色化、低碳化转型的核心平台，是推动能源绿色低碳发展的关键一招，对我国坚定不移走生态优先、绿色低碳的高质量发展道路有决定性意义。能源是经济社会发展的重要物质基础，也是碳排放的最主要来源。要立足我国富煤贫油少气的能源资源禀赋，坚持安全降碳，在保障能源安全的前提下，大力实施可再生能源替代，构建清洁低碳、安全高效的新型能源体系。在碳达峰前，化石能源消费总量仍有一定增长，以煤炭为主体的化石能源依然是保障我国能源安全的基石，降碳重点在于循序渐进地推动化石能源清洁化利用。

　　**坚持先立后破、不立不破，形成清洁主导、电为中心的能源供应和消费体系。**生产侧，新能源占比不断提升并逐步成为主体，煤电清洁高效灵活利用，发挥"压舱石"作用；消

**13**

费侧，节能理念深入人心、节能技术普遍应用、用能效率不断提高、绿电比例不断提升，减污降碳效果显著。主要体现在一是坚持污染综合治理，传统环境污染问题得到根治；二是坚持能源发展低碳转型，优先发展低碳零碳能源电力，推进化石能源去碳化、低碳化发展；三是坚持资源节约利用和循环利用，从需求侧减少对能源的依赖。

## （2）安全充裕是前提基础。

构建新型电力系统是基于我国资源禀赋、提升国家能源安全保障水平的必然选择，也适应了未来能源安全重心向电力系统转移的大趋势。新能源发电的转动惯量小、调节能力低、支撑能力弱，这些特性会降低电力系统安全稳定裕度，削弱电力系统安全稳定运行基础。转型期电力系统仍然是交流同步电力系统，必须遵循交流电力系统的基本原理和技术规律，保持足够的系统惯量、调节能力、支撑能力。

**建设具有足够的备用容量、足够的灵活调节资源，确保电力系统弹性、韧性、坚强、可靠。** 坚持以安全保供为前提，有足够的安全裕度，确保电力系统上下游产业链安全稳定运行，遇到风险可以灵活应对。主要体现在：一是要确保正态下电力系统实时平衡和安全稳定可靠运行；二是要确保非正态及极端情况下电力系统供需基本平衡、大电网安全稳定和快速恢复；三是确保任何场景下人民生命健康和财产安全。

## （3）经济高效是标尺基线。

电力市场化改革和绿色低碳转型发展会推动系统成本上升，需要保持在合理且可承受的范围内。目前已实现的新能源平价上网不等于平价利用，需用新能源等效上网电价将系统成本显性化。为保障电力平衡、电力调节、系统安全稳定运行，需要建设大量抽水蓄能或新型储能，并扩张电网网架和配套设备来满足新能源发展需求，从而引发系统成本大幅度升高，需要各方发力降低系统综合发电成本，并通过市场化机制向全社会进行疏导。

**充分发挥市场配置资源能力强、电价机制调节作用大的优势，推动源网荷储利用效率效益不断提高。** 系统转型成本合理，经济社会发展可承受，企业竞争力可促进，是实现电力系统可持续发展的前提。需要一是统筹发展与安全，发挥市场配置资源的决定性作用，推动能源电力资源在全国范围内优化配置；二是完善现有电价机制，增强各市场主体投资预期，以更经济的方式实现绿色低碳转型。

**（4）供需协同是关键举措。**

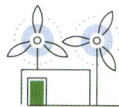

随着能源绿色低碳转型、新能源发电快速发展，新型电力系统"多高多峰逆调节"特征进一步凸显，多高体现为高比例新能源接入、高比例电力电子设备接入、高自主性用户用电接入等，多峰体现为年度用电负荷夏冬双峰、日内早晚双峰等，逆调节体现为新能源发电出力高峰与用电高峰逆调节。同时，叠加气候、来水、燃料供应等因素，供给、需求的不确定性大幅增加。为解决源荷双侧带来的全局性、系统性挑战，需坚持系统观念，更好地发挥源网荷储协同、多种能源互补以及多主体协调互动作用[1]，保障新型电力系统有序运行。

**源网荷储一体化协同发展、协同运行是落实供需协同、保证电力供需平衡的具体举措。** 树牢系统安全观，源网荷储协同发力，有机整合电源、电网、负荷、储能各环节资源，推动大系统与分布式系统深度融合、共同发展，形成一体协同的智能电力系统，满足经济高质量发展和人们美好生活对用电的需求。

**（5）灵活智能是重要支撑。**

没有数智赋能驱动就没有真正的源网荷储一体化协同，就没有新型电力系统的健康发展。随着规模化新能源的接入，系统调节需求大幅增加，对调度控制、市场交易等方面提出更高要求。需要在提升电力系统物理基础上，依托"云大物移智链边"等先进数字技术，实现对电力系统调度、交易、运维服务等相关环节的辅助决策、智能控制、风险预警，推动各类要素的全面融合、智能运行。

**通过高度数字化、智能化、智慧化、网络化，驱动系统运行灵活、决策智能、控制精准。一方面，** 发电侧、负荷侧调节能力强，柔性交直流输电、直流组网等新型输电技术广泛应用，骨干网架向柔性化方向发展，促进各种能源互通互济、灵活转换，提升整体效率。**另一方面，** 先进数字信息技术与发输变配用调度等物理技术广泛并深度融合发展，实现对多种市场机制下系统复杂运行状态的精准决策、对海量分散发供用对象的智能协调控制，支撑新能源发电规模化发展，推动电力系统高质量发展。

# 1.3 演化的内在逻辑

伴随经济社会发展和电力技术创新,电力系统组成要素逐步丰富。电力系统发展初期,呈现小机组、低电压、分散发展特点,主要要素就是电源、负荷,电源建在哪里,哪里就出现负荷,也就是荷随源动;随着各地电网的逐步建设,电网要素作用逐步显现。在大机组、高电压、省间联网阶段,是以化石能源主导的传统电力系统,哪里负荷发展快,出现缺电,就在哪里建电源,呈现源随荷动的系统特征。在特高压、跨区联网阶段,随着新能源发展,智能电网建设加快,在源网荷三要素基础上,储、智要素的作用进一步发挥,源荷互动特征显现。在新型电力系统构建阶段,随着"双碳"目标的提出,以及数字化转型的加快,更需要碳、数、智要素以及现代化的治理体系发挥更大作用,扩大为八个要素。

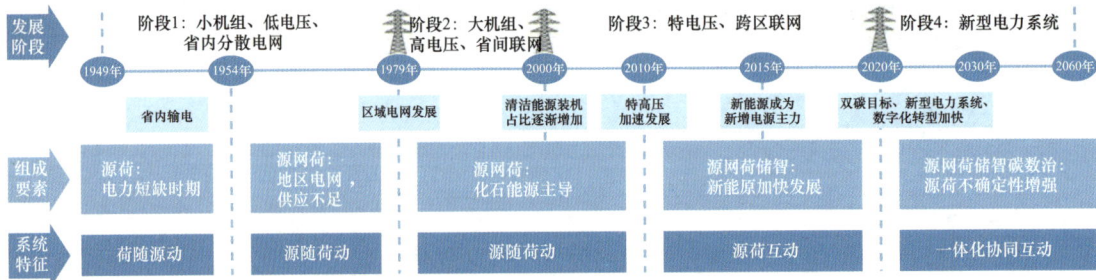

图 1-2 电力系统发展特点及组成要素演进示意

新型电力系统包括源-网-荷-储-碳-数-智-治八个要素,其中,源网荷储是物理内核,电碳协同融合是实现"双碳"目标的路径,数智治是赋能驱动的源泉。

| 物理内核 | 源网荷储形成新型电力系统的核心物理内核,且形态发生根本新变化;各环节多主体作为进入电力市场的有序组织,参与统一电力市场的公平竞争。 |
|---|---|
| 协同融合 | 源网荷储各环节都必须在确保电力供应安全的前提下实现绿色低碳转型发展,"双碳"既是目标也是约束。 |

| 赋能驱动 | 数智治为电碳赋能，是新型电力系统的动力源泉。科技是第一生产力，改革创新是第一动力，在法治轨道上推进电力系统治理体系和能力现代化是电力体制改革的总目标。 |
| --- | --- |

　　构建新型电力系统是规划建设新型能源体系的核心和关键，也是能源电力行业实现"双碳"目标的根本途径。

## 新型电力系统安全发展的开放性、复杂性特征更为显著

　　新型能源体系下，一二次能源品类更加丰富，传统能源、新型能源、矿产资源融合发展，海量分布式电源广泛接入，各类储能资源和调节性资源大量建设，电动汽车及综合能源服务商、虚拟电厂等新市场主体、新型业态参与互动。新型电力系统将呈现数字与物理系统深度融合、网络终端多样、业务开放广泛、信息内容海量、网络暴露面广。新型电力系统兼容各类电力新技术，满足各种新设备便捷接入需求，支持各类能源交互转化、新型负荷双向互动，是各能源网络有机互联的枢纽，安全发展面临系统开放性与多元化的影响，更易受多重外部风险因素传导。电力系统与能源、气象、经济社会系统间的融合程度全面加深，电力系统事故不仅造成电力中断，而且会造成其他一系列公共服务设施停摆，甚至引发社会稳定风险，使得电力系统安全研究场景成为一个交织性、动态性的社会场域。

## 新型电力系统更加强调源网荷储全环节的深度协同互动

　　新型能源体系需以绿色、低碳为导向科学构建多元化的能源供应体系，推进煤炭和新能源优化组合、合理布局，以化石能源清洁低碳高效利用和新能源高质量发展为主要着力方向，更好地利用化石能源灵活性、可靠性在源网荷储一体化和多能互补中的调节作用，并促进电力与氢能、热能等二次能源的协同互补。新型电力系统主要承载工业、交通、建筑等重点行业的绿色低碳转型，需要发挥其消费绿色化、低碳化的核心平台优势，加强供需协同匹配，推动能源消费方式变革，提升终端能效和电气化水平，促进用能方式向集约高效型转变。

### 新型电力系统更加注重以多方合作模式强化技术创新第一驱动力

规划建设新型能源体系需要发挥新型举国体制优势，系统谋划基础性、关键性、颠覆性技术研究，充分调动汇聚各方创新资源。新型电力系统涉及领域多、影响范围广，需要政府、行业、社会等方面积极支持参与，需要产业链上下游企业发挥自身优势、主动变革，加强技术合作和成果共享。围绕基础性、战略性、颠覆性和"卡脖子"技术，发挥央企技术装备短板攻关主力军、原创技术策源地和现代产业链"链长"作用，完善创新联合体模式，集聚优势科研力量，形成协同创新网络，联合攻克新型电力系统关键共性技术难题。同时，培育现代化产业链，充分发挥电力行业产业链带动作用强、技术创新驱动强、与新基建深度融合等显著优势，培育和发展能源电力生产消费新业态新模式。

### 新型电力系统构建需要现代化电力治理体系的制度保障

新型能源体系涉及多能源品种、多发展要素的融合，构建新型电力系统是一项复杂的经济社会系统工程，需要强有力的电力治理能力支撑，需要发挥法制的基础性作用，在法治轨道上提升统筹规划、统筹协调、科学监管、安全监管、价格引导、市场引导等治理能力，加快健全完善电力治理体系，推进电力治理能力的现代化。进一步释放体制机制创新红利，畅通制约资源配置效率提升的难点堵点，最大程度挖掘其中蕴含的效率与效益。

# 1.4 形态的目标展现

以 2060 年碳中和为战略目标年，以终为始，结合不同转型阶段情况，坚持目标导向、问题导向，考虑源网荷储各环节规模、结构、布局等特征，展望新型电力系统发展形态及路径。以下结合国网能源院"多区域电源与电力流优化系统 GESP- 双碳版"模型[2] 开展不同阶段电力系统物理内核形态量化分析。

（1）电源形态。

电源结构由可控连续出力的煤电装机占主导，向强不确定性、弱可控出力的新能源发电装机占主导转变，逐步形成各类电源协同互补的多元供应体系。

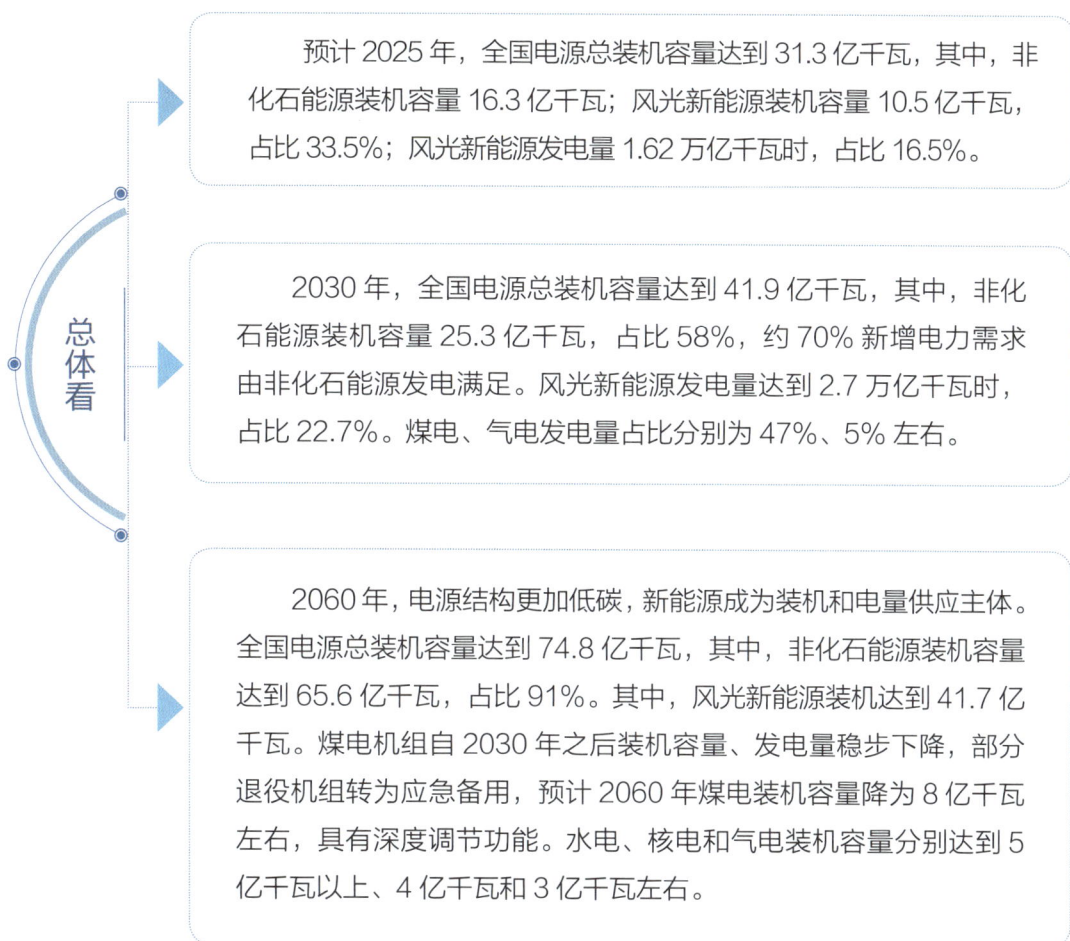

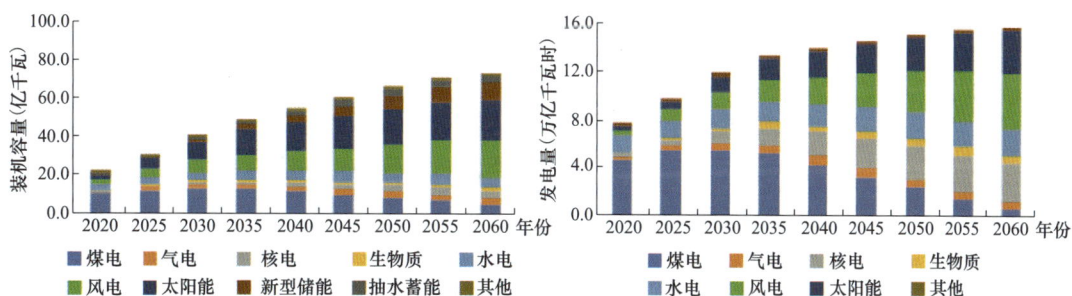

**总体看**

> 预计 2025 年，全国电源总装机容量达到 31.3 亿千瓦，其中，非化石能源装机容量 16.3 亿千瓦；风光新能源装机容量 10.5 亿千瓦，占比 33.5%；风光新能源发电量 1.62 万亿千瓦时，占比 16.5%。

> 2030 年，全国电源总装机容量达到 41.9 亿千瓦，其中，非化石能源装机容量 25.3 亿千瓦，占比 58%，约 70% 新增电力需求由非化石能源发电满足。风光新能源发电量达到 2.7 万亿千瓦时，占比 22.7%。煤电、气电发电量占比分别为 47%、5% 左右。

> 2060 年，电源结构更加低碳，新能源成为装机和电量供应主体。全国电源总装机容量达到 74.8 亿千瓦，其中，非化石能源装机容量达到 65.6 亿千瓦，占比 91%。其中，风光新能源装机达到 41.7 亿千瓦。煤电机组自 2030 年之后装机容量、发电量稳步下降，部分退役机组转为应急备用，预计 2060 年煤电装机容量降为 8 亿千瓦左右，具有深度调节功能。水电、核电和气电装机容量分别达到 5 亿千瓦以上、4 亿千瓦和 3 亿千瓦左右。

图 1-3　2020 — 2060 年电源装机容量及发电量结构

水电开发呈现逐步西移、梯次推进态势，2030 年基本开发完毕；风电采取西部北部大型风电基地开发与中东部分散开发相结合的模式，近期主要在"三北"地区发展大规模风电基地；光伏发电采取西部集中开发与中东部分布开发并重的发展模式[3]。"三北"地区光热电站接替燃煤电厂是重大方向，是未来重要调节资源。煤炭基地规模外送能力能否持续取决于脱碳技术及其应用、去煤电化速度以及电力系统安全保供的现实需求和战略需求，持续外送能力降低是大概率情景。

**分区域看**

预计 2030 年，西北、华东主要送端、受端区域电源装机增幅较大，且煤电、新能源装机增幅相对其他区域更大，63% 的煤电装机、67% 的风光新能源装机主要分布在华北、华东和西北地区。到 2060 年，电源布局整体变化不大，东部地区核电、海上风电有较大规模。

（2）电网形态。

电网形态由单向逐级输电为主的传统电网，向包括交直流混联大电网、微电网、局部直流电网和分布式电源、可调节负荷在内的能源互联网转变，呈现大电网与新形态电网协同融合发展态势。

**总体看**

我国 80% 以上煤炭、水能、风能和太阳能资源分布在西部北部地区，70% 以上电力消费集中在东部中部地区，"西电东送""北电南供"的电力流格局将长期保持。全国送、受端电网格局更加明晰，各区域电网互济能力进一步提高，形成覆盖大型电源基地和用电负荷中心的资源优化配置平台。分布式智能电网将打破源网荷储界限，形成一批小微化、一体化、数智化的自治自平衡能源电力系统。

**分区域看**

初步估算，2035 年，跨省跨区电力流达到 5.6 亿～6 亿千瓦左右，西北、华北、东北、西南四个区域外送规模将达 3.78 亿千瓦。2060 年全国用电量中，约 70%～80% 通过一批远距离输送集中式电源满足，约 20%～30% 通过分布式电源、微电网等就地平衡方式满足。

### （3）负荷形态。

负荷特性由传统的刚性、纯消费型，向柔性、生产与消费兼具型转变。电力逐渐成为主要终端能源消费载体，未来增长空间大，增速放缓，中远期趋于饱和。

| | |
|---|---|
| 总体看 | 预计 2030 年，全国全社会用电量、最大负荷分别达到 12.3 亿千瓦时、20.1 亿千瓦，受产业结构调整和居民生活用电攀升等因素影响，第二产业用电占比将下降至 50% 以下，第三产业、居民生活用电占比将超过 25%。同时，夏季降温、冬季采暖用电快速增长，占最大负荷比重均将超过 35%。2060 年，全社会用电量达到 16.9 万亿千瓦时，人均用电量 1.39 万千瓦时，最大负荷达到 27.5 亿千瓦，是当前水平的 2 倍多。 |
| 分区域看 | 2030 — 2060 年间西北、华北、华中区域用电量、负荷增幅均较大；2060 年华北、华中、华东仍是负荷中心，合计用电量达到 9.1 万亿千瓦时，占比超过 53%。 |

### （4）储能形态。

储能具有提高系统灵活调节能力和支撑系统安全稳定运行的作用，将逐步成为新型电力系统的重要组成部分。随着经济性和安全性的提升，价格和市场机制的完善，新型储能的竞争力会不断提高，占比将有较大提升，但抽水蓄能在未来较长一段时期内依然是最主要的储能方式。

预计 2030 年，全国储能装机容量需求在 2.6 亿千瓦左右，全国抽水蓄能、新型储能装机容量将分别达到 1.2 亿、1.4 亿千瓦，其中，新型储能主要是电化学储能。

2060 年，全国储能装机容量将超过 12 亿千瓦，抽水蓄能、新型储能装机容量将分别达到 4 亿、8.8 亿千瓦；氢储能有望达到 0.4 亿～ 0.65 亿千瓦，成为新型储能的重要组成部分。极端天气下，新能源连续低出力叠加负荷快速上涨，导致电力系统需要周及以上的长时段储能支撑电力电量平衡，考虑技术成熟度、经济性等因素，电氢耦合将成为重要长时段灵活调节资源。

**结合 2060 年的目标来看**

　　我国未来近 40 年电源需要增长约 50 亿千瓦，是目前容量的 2 倍，其中，新能源发电增长 34 亿千瓦，比重上升 25 个百分点；全社会用电量增长约 9 万亿千瓦时，负荷增长 16 亿千瓦，电能占终端能源消费比重超过 70%。

**分区域看**

　　电力需求仍是东部地区占比高，但东西差距缩小，华东、华中、华北地区用电比重合计 53%，比目前下降 7 个百分点。东部地区核电、海上风电、分布式电源比重上升，但仍需要大范围能源电力资源优化配置，远距离输送电量占总用电量的 70% ～ 80%，总体上远距离输电和就地就近平衡、交流和直流、输电网、配电网和微电网、储能等将协同发展。

**从送受端看**

　　送端地区风光水清洁能源基地在统筹本地用能基础上，以多能协同互补供应体系稳定外送电力；受端地区统筹分布式电源、沿海风电及外受承载能力提升，增强区域平衡保障能力；送受并重地区考虑能源资源禀赋条件，强化本地电源支撑基础上依托跨区跨省电力互济支撑平衡，中部多区域电网资源配置的"蓄水池、立交桥"作用更加凸显。在各区域强化就地就近平衡基础上，跨区互济仍是保障全网平衡的重要手段，通过技术、机制协同创新驱动支撑新型电力系统高质量可持续发展。

（本章撰写人：王旭斌、元博、夏鹏　审核人：韩新阳、靳晓凌、吴丹曼）

# 2

# 新型电力系统形态演进

构建新型电力系统需要统筹好源 - 网 - 荷 - 储 - 碳 - 数 - 智 - 治八个要素，以源网荷储物理内核为基础，电碳协同融合、数智治赋能驱动为耦合关系，随着新形势新变化，新型电力系统各要素逐步演进发展。

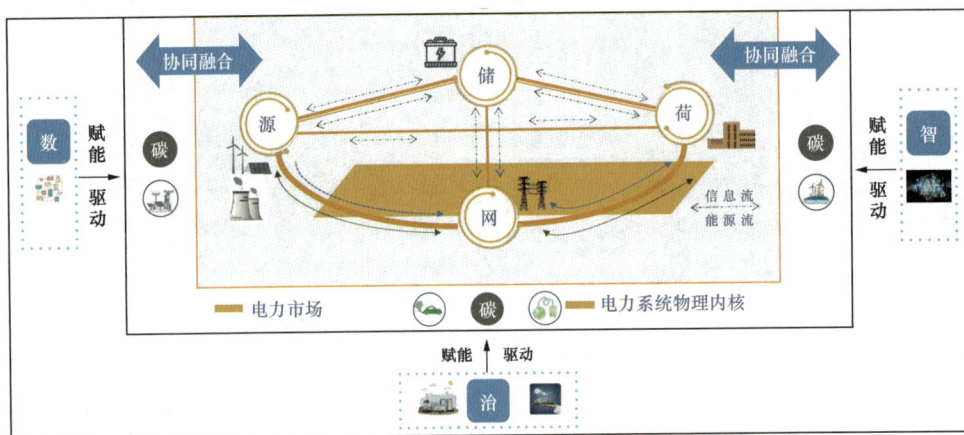

图 2-1　新型电力系统八个要素耦合关系

当前，我国新型电力系统建设已进入全面启动和加速推进阶段。两年多来，新型电力系统源 - 网 - 荷 - 储 - 碳 - 数 - 智 - 治八个要素都在稳步演进，其中，发电装机总容量、非化石能源发电装机容量、远距离输电能力、电网规模等指标均稳居世界第一，并稳步提升，满足全球最大体量的用电需求，为新型电力系统加速转型期的推进开了好头、起了好步。从物理内核看，电力绿色低碳转型不断加速，多元供应体系进一步绿色化，非化石能源发电，尤其是新能源发电装机容量快速增长、比重明显提升；大电网仍是基本形态，分布式智能电网、微电网等新形态有所发展，电力可靠性指标保持较高水平；在经济增长回升，以及电动汽车等新兴负荷发展的推动下，电能占终端能源消费比重逐步提升，负荷特性不断向柔性、产消一体型转变；电力系统调节能力持续增强，储能在缓解供需时空不匹配方面发挥了很大作用。在碳数智治等方面，电力技术创新水平持续提升，碳排放得到有效控制，数字化与智能化进一步赋能，治理保障和能力现代化也明显进步，为新型电力系统高质量、可持续发展保驾护航。

# 2.1 多元供应体系构建

适应新型电力系统的多元供应体系加快建设，新能源规模化发展的同时，煤电等常规电源继续承担着兜底保障作用，系统调节能力逐步增强。

**非化石能源发电装机容量占总装机容量比重持续增高，规模已超过煤电。** 截至 2022 年底，全国累计发电装机容量约 25.6 亿千瓦，其中，非化石能源发电装机容量 12.7 亿千瓦，占总装机容量比重上升至 49.6%，风电、光伏发电装机占比达到 29.6%，煤电装机占比降低至 43.8%[4-6]。分区域看，华北装机容量最多，为 59105 万千瓦；东北装机容量最少，为 19745 万千瓦；华东、华中、南方、西北装机容量分别为 47577 万、47737 万、44061 万、38569 万千瓦。截至 2023 年上半年[7]，全国发电装机容量 27.1 亿千瓦，非化石能源发电装机容量 13.9 亿千瓦，占总装机容量比重上升至 51.5%，其中，光伏发电 4.7 亿千瓦、风电 3.9 亿千瓦，合计占比 32%；煤电 11.4 亿千瓦，占比 42.1%。

**煤电发电量占全口径总发电量的比重接近六成，仍是最主要电源。** 2022 年，全国全口径发电量 8.69 万亿千瓦时，其中，煤电发电量占比为 58.4%。高于其装机占比 14.6 个百分点，"压舱石"作用依然显著。风电、光伏发电合计发电量首次突破 1 万亿千瓦时，新增发电量占全部新增发电量的比重超过 50%。2023 年上半年，全国规模以上电厂发电量 4.17 万亿千瓦时，风电、光伏发电量达 7291 亿千瓦时，煤电发电量占比为 58.5%。

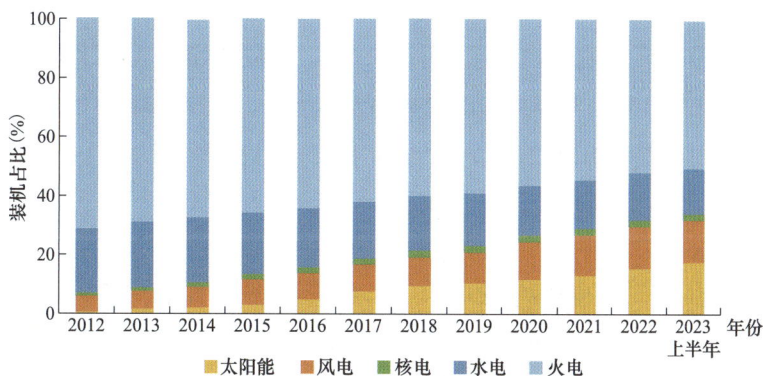

图 2-2　2012 — 2023 年上半年全国电源装机结构

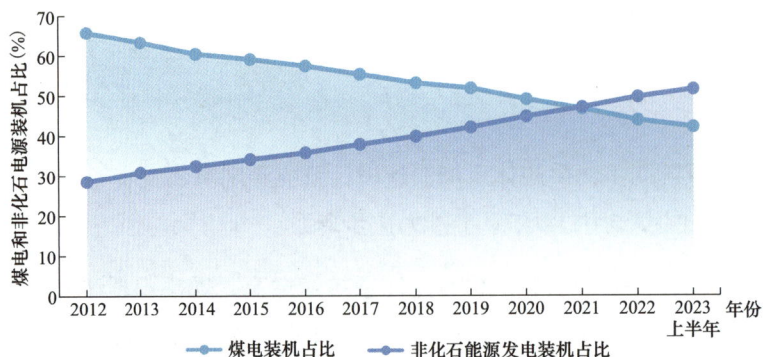

图 2-3  2012 — 2023 年上半年煤电与非石化能源发电装机占比

常规电源发展滞后，新能源供电能力不足，极端天气频发增加发电出力不确定性，当前风光装机结构加剧晚高峰供需矛盾。

**一** 常规电源发展滞后负荷增长，"十三五"以来国家电网经营区最大负荷增长约 4 亿千瓦，常规电源装机容量新增约 3.3 亿千瓦。

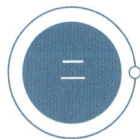

**二** 新能源在关键时刻顶峰能力不足，光伏出力由午峰时段 1.5 亿千瓦左右降至晚峰时段基本为零，晚峰风电可靠出力不足装机容量的 10%。

**三** 极端天气频发，新能源可能长期处于小发状态，顶峰作用弱。2022 年 8 月 1 日，华东区域遭遇极热无风天气，当日晚高峰负荷 3.15 亿千瓦，新能源最小出力 125 万千瓦，仅为装机容量的 1.5%。

**四** 近年来风光发电快速增长，且光伏发电装机增加多、风电装机增加减慢，导致晚高峰保供难度加大。2022 年光伏发电装机容量新增 8741 万千瓦，远大于风电装机容量新增 3763 千瓦。

灵活调节电源持续建设，但整体配置仍显不足，难以应对高比例新能源发电出力大幅波动。截至 2022 年底，煤电灵活性改造规模累计约 2.57 亿千瓦[8]，光热发电装机容量67 万千瓦。从规模看，抽水蓄能、调峰气电等传统调节电源占比近几年一直维持在 6% 左右，低于欧美发达国家水平。根据《"十四五"现代能源体系规划》，2025 年灵活调节电源占比需达到 24% 左右。

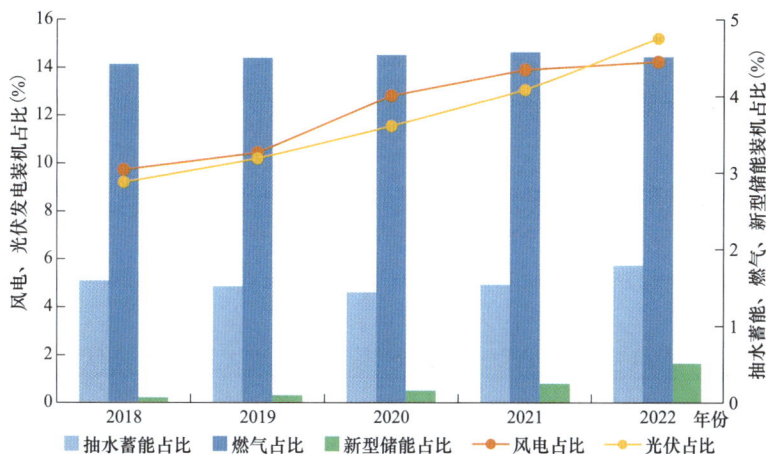

图 2-4　2018—2022 年风光新能源与调节电源占发电装机比重

（本节撰写人：张幸　审核人：张钧、韩新阳）

## 2.2　多形态电网协同发展

随着能源生产的加速清洁化、消费的高度电气化，电网资源配置作用更趋平台化，新型电力系统下电网形态呈现大电网与新形态电网融合发展态势，大电网仍是基本形态，分布式智能电网、微电网等新形态电网是重要补充，有效适应大规模集中式新能源和量大面广的分布式资源接入。

### 2.2.1　跨省跨区 - 主网协同结构形态

全国除台湾地区外形成以东北、华北、西北、华东、华中、西南、南方七大区域为主体、区域间交直流混联的电网格局，电力资源优化配置能力稳步提升。

（1）跨省跨区输电能力稳步提升，支撑新能源供给消纳体系的建设。

全国形成以东北、西北、西南区域为送端，华北、华东、华中区域为受端，以特高压和 500（750）千伏电网为主网架，区域间交直流混联的电网格局。截至 2022 年底，全国跨区电力流超过 3 亿千瓦[4]，其中，华北蒙西、山西外送 2800 万千瓦，东北外送 1000 万千瓦，西北外送 7320 万千瓦，西南四川送重庆 600 万千瓦等。

（2）送端电网支撑沙漠戈壁荒漠大型风电光伏基地送出，受端电网完善特高压网架支撑，提升区域电力互济能力。

一是沙戈荒基地外送通道建设起步，助力西部地区风光等新能源转变为经济效益。

2022 年，国家发展改革委印发了沙漠戈壁荒漠大型风电光伏基地布局规划，按照新能源、煤电、外送通道"三位一体"，由近及远，规模化、集约化开发 4.55 亿千瓦大型风光电基地，外送 3.15 亿千瓦。截至 2022 年底，"三交"工程中，川渝特高压甘孜—天府南—成都东、天府南—铜梁工程已开工建设。"九直"工程中，金上—湖北、陇东—山东、宁夏—湖南直流已开工建设。建成后将以大型风光电基地为基础、利用周边清洁高效先进节能的煤电为支撑、以稳定安全可靠的特高压输变电线路为载体，将"沙戈荒"风光基地电能外送至中东部负荷中心，既能将西部资源优势转化为经济效益，又能满足中东部省份对绿色电能的迫切需求。

二是华北、华中、华东地区特高压交直流电网结构持续完善，"西电东送"跨省跨区通道建设和布局加快。

2022 年以来，华北已形成特高压"品"字环网，华中特高压"日"字环网加快形成，华东特高压交流电网延伸至福建南部负荷中心地区。白鹤滩—浙江、白鹤滩—江苏两项 ±800 千伏特高压直流工程加快建设。金上—湖北、陇东—山东 ±800 千伏特高压直流输电工程开工建设，疆电入渝、宁电入湘、陕西—河南、陕西—安徽特高压直流工程前期工作加快推进，进一步提升我国"西电东送"能源资源配置能力。

（3）各区域电网基于在全国输电网架中的定位，提升潮流疏解及省间互济能力。

一是华北电网继续加强和完善特高压骨干网架，保障京津冀鲁负荷增长及沙戈荒基地外送。

截至 2022 年底，华北电网已建成"两横三纵一环网"特高压交流网架，形成以山西、蒙西（含陕西）为送端，京津冀鲁为受端的"西电东送、北电南送"电力流向格局。为满足华北受端京津冀鲁负荷增长需求，支撑沙戈荒基地大型风电光伏基地外送直流安全稳定运行，张北—胜利特高压工程已核准，大同—怀来—天津北—天津南特高压交流工程已完成预可研，保障沙戈荒基地大型风电光伏基地外送直流顺利落地。

二是华东电网"南北双环网"延伸至厦门，进一步提升直流多落点地区电压支撑能力和故障后电力支援能力。

截至 2022 年底，华东电网已建成"一环网、一通道"特高压交流网架，省级 500 千伏电网形成网格状或环网结构，支撑大规模直流集中馈入。华东电网将进一步发展和扩展特高压交流主网架，提升直流多落点地区电压支撑能力和故障后电力支援能力，提高重要输电断面潮流疏散能力。

三是华中电网依托特高压主网架加强 500 千伏网架分区运行，保障直流馈入及省间电力交换需求。

截至 2022 年底，华中电网进一步巩固以湖北为中心的"一个中部框架、两个输电通道、四个负荷中心环网"放射状网架，从送出为主逐步转变为送电受电并重的枢纽型电网，建成南阳—驻马店特高压交流工程，特高压主网架建设平稳起步；后续将加快建设和完善区域特高压交流主网架，适时解开部分省间电磁环网，华中 500 千伏电网分成河南、湖北—湖南、江西三片运行。

四是东北电网进一步加强三省一区 500 千伏电网联络，提升省间互济能力。

截至 2022 年底，东北电网已形成"北电南送、西电东送和向扎鲁特汇集电力"的格局，满足吉林、黑龙江和蒙东富余电力外送；后续将致力于满足大型新能源基地接入和送出需求，解决扎鲁特—青州直流无电可送问题。随着鲁固直流送电规模的提升，东北电网呈现西部、北部电源基地向辽宁送电、盈余电力外送华北的电力流格局。

五是西北电网不断扩展加强 750 千伏网架，支撑新能源汇集送出。

截至 2022 年底，西北电网 750 千伏电网向南疆、北疆进一步延伸，形成以甘肃为枢纽、覆盖五省区的坚强送端主网架结构，提升了电网新能源汇集、省际电力互补互济能力。后续将进一步扩展加强 750 千伏交流主网架，提升重要断面电力交换能力，保障负荷中心电力可靠供应以及新能源富集区上送需求。

六是西南电网构建特高压和超高压交流主网架，同时满足清洁能源外送和负荷中心电力保供需求。

截至 2022 年底，西南电网已建成川渝第三通道，西南省间形成川渝 6 回、川藏 2 回 500 千伏交流联网格局，建成藏中与昌都、阿里联网工程，彻底结束阿里电网长期孤网运行历史。后续将进一步优化 500 千伏电网结构，满足负荷发展需求，提升对外来直流电力的承载能力以及西电东送大型水电的应急支援能力，同时重点解决成渝负荷中心断面潮流重载、短路电流超标等问题，提高清洁能源消纳水平。

### 2.2.2 配电网 - 微电网融合结构形态

配电网作为城乡重要基础设施，是新型电力系统和能源互联网建设的重要内容，在保障供电可靠性的同时，更需适应规模化分布式电源、电动汽车等新要素的接入。

**城农网供电可靠性持续攀升，供电均衡性、可及性持续加强。**近年来，我国供电可靠性持续提升。2022 年，全国供电系统用户平均供电可靠率 99.896%[3]，同比上升 0.025

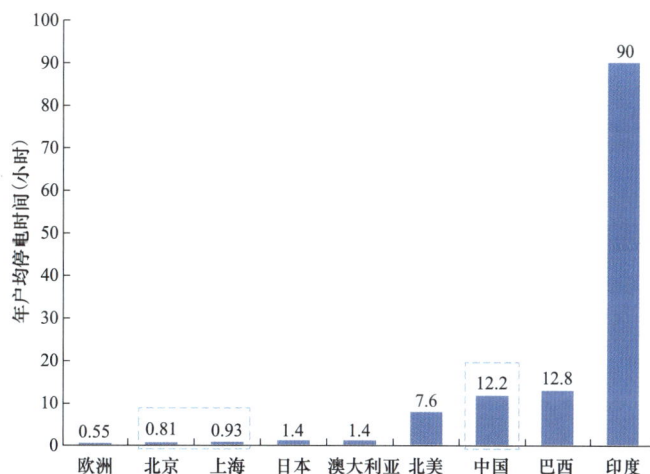

图 2-5 中国及典型城市与世界部分国家及地区户均停电时间

个百分点；用户平均停电时间 9.10 小时 / 户，同比减少 2.16 小时 / 户；用户平均停电频率 2.61 次 / 户，同比减少 0.16 次 / 户。其中，全国城市电网用户平均供电可靠率 99.974%，农村电网平均供电可靠率 99.883%。北京、天津、上海户均停电时间低于 1 小时，基本超过发达国家水平，但全国整体水平仍需提升。2022 年华东、东北、西北地区平均停电时长分别为 3.5、12.9、13.1 小时，最大差距 9.4 小时，城网、农网停电时间最大相差 29.43 小时。

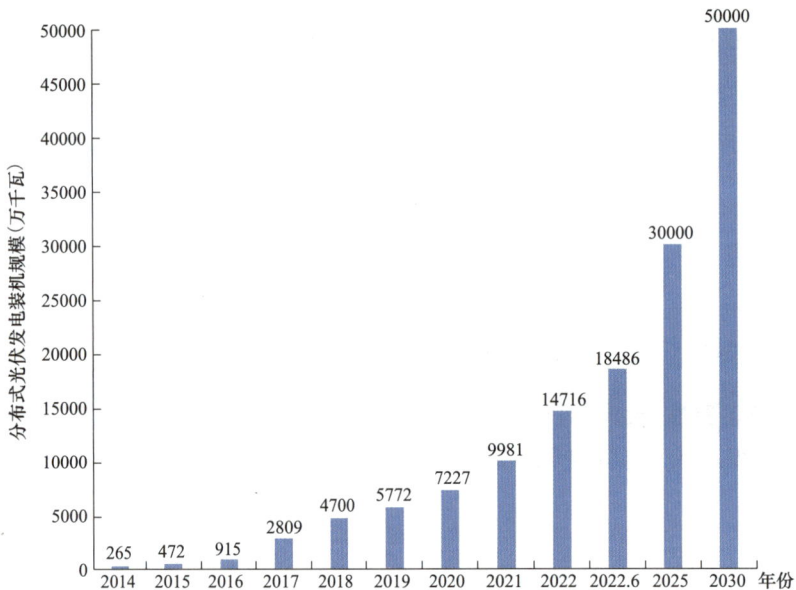

图 2-6　分布式光伏发电装机规模

随着分布式新能源、柔性负荷、新型储能等新要素规模化接入，亟需进一步提升配电网的系统承载、要素管控、经营管理等综合能力，加快功能形态升级，助力新型电力系统建设。

2022 年，国家电网经营区分布式光伏新增并网规模达到 4735 万千瓦，新增规模首次超过集中式光伏，呈现规模大、增长快、低压多，以及点散面广的特征。2022 年，国家电网经营区配套电网工程新增变电容量 23351 万千伏安，新建中压线路 12908 千米，新建低压线路 41673 千米，分布式新能源配套电网工程建设投资约 74 亿元。

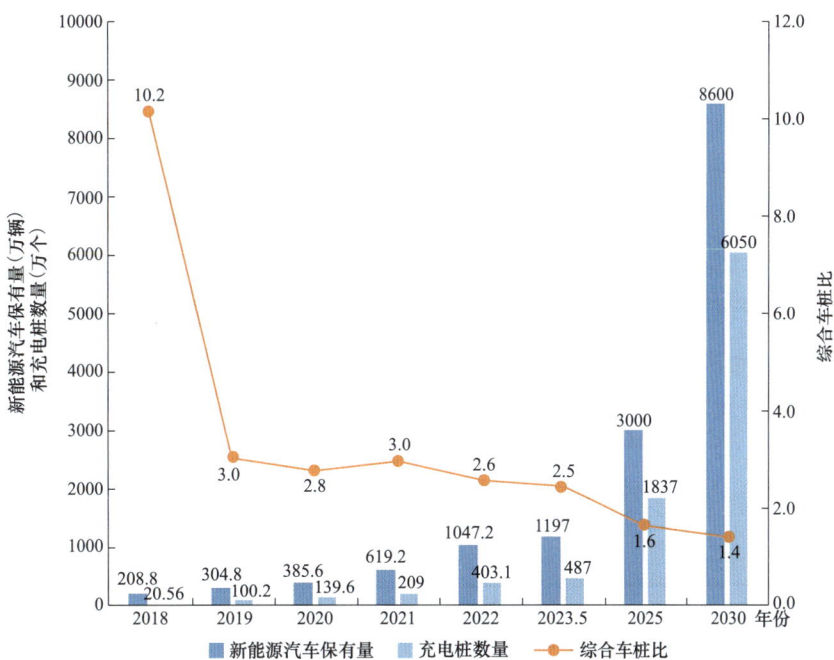

图 2-7　新能源汽车、充电桩规模

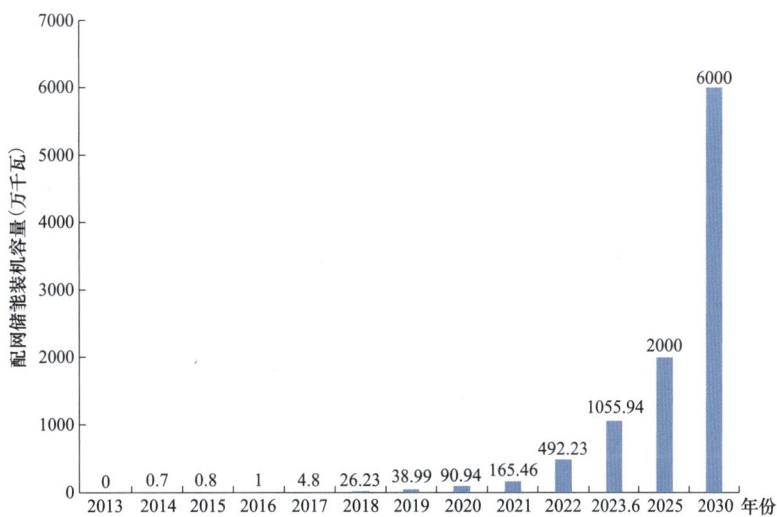

图 2-8　配网侧储能规模

## 物理系统方面

配电网从单向供电向双向互动转变，并伴随潮流分布概率化、分层分群协同化、源网荷储一体化特征。

平衡模式由确定性"源随荷动"向概率性"源荷互动"演进，系统自平衡、自管理、自调节能力不断提升。为提高配电系统综合承载能力和效率效益，切实保障配电系统安全可靠水平，网络架构呈现高压坚强支撑、中压灵活互联、低压形态多元的特征，并向源网荷储智慧协同、多能耦合互补互济、交直流多形态并存发展。通过坚持差异化规划、标准化建设，因地制宜推动网架形态从被动依附大电网、单向逐级配送网络，向分层分群、主配微协调、相互支撑的有源系统升级，构建坚强清晰骨干网架、保证合理充裕供电能力、提升综合防灾抗灾水平、优化电网供电质量，打造配电网"强健躯干"，可靠承载多元用户。

## 业态聚合方面

配电网充分发挥需求侧资源配置平台作用，充分聚合电动汽车、分布式光伏、储能、智能家居等用户侧资源，高效推动各类资源的优化配置。

积极落实国家关于支持培育分布式电源、储能、虚拟电厂、微电网等新兴主体参与市场的政策要求，健全准入条件、畅通入市通道。逐步扩展新兴主体参与中长期、现货、辅助服务等批发市场的交易品种，创新电动汽车 V2G 等商业运营模式。推动完善市场交易机制，依据新兴主体的运行特性，推动建立健全新兴主体参与各类交易品种的申报、出清、结算机制，营造良好的市场环境。

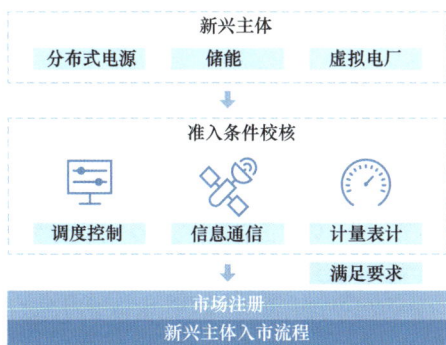

图 2-9　健全新型主体准入条件

图 2-10　丰富市场交易品种

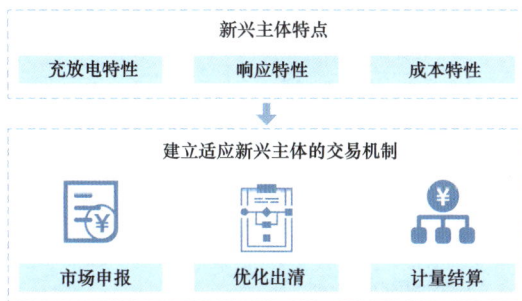

图 2-11　完善市场交易机制

以分布式智能电网、微电网为代表的新型配电形态逐步发展，促进分布式电源就地就近平衡消纳。分布式智能电网加强区域内分布式能源和多元负荷统筹发展，实现多能互补，分布式能源优先就地就近消纳。通过智能化手段实现源网荷储高效协同，推动配电网管控模式高度数字化，激励机制和交易模式灵活高效，能够有效融合分布式能源与柔性负荷，主动响应系统调节[9]，有助于电网安全稳定运行。分布式智能电网具有自持、自平衡能力，通过充分调动源网荷储各环节、电热冷气氢多能源品种，既能保障自身安全，又能实现与大电网的协同互动，提升系统整体安全性。当前，微电网主要应用在偏远地区、工业园区等场景，依托自平衡能力促进分布式新能源就地开发利用。

2023 年 2 月，安徽金寨县分布式智能电网示范区一期工程完成现场勘察、设计，正式启动建设，供电范围内分布式光伏发电总装机容量 2260 千瓦，3 个小型水电站总装机容量 1280 千瓦。分布式电源集中分布于线路中段及末端，负荷集中于线路首端，源荷的时空不匹配特征显著，应用交直流混合配电网灵活组网、源网荷储协同调度等技术，提高绿色能源利用率与供电可靠性。

（本节撰写人：田鑫、谢光龙　审核人：靳晓凌）

# 2.3 负荷特性柔性互动

负荷特性由传统的刚性、纯消费型，向柔性、产消一体型转变的趋势继续延续，电能占终端能源消费比重逐步提升，日内、季节负荷峰谷差拉大，新兴负荷用电规模不断增长。

2022 年，全国全社会用电量为 8.64 万亿千瓦时，第三产业和城乡居民生活用电量比上年分别增长 10.4%、1.2%、4.4%、13.8%[4,8]。分区域来看，华北、华东、华中、东北、西北和南方区域的用电量分别为 2.02 万亿、2.08 万亿、1.56 万亿、0.54 万亿、0.96 万亿、1.46 万亿千瓦时。

**电能占终端能源消费比重逐步提升，工业电气化水平较高，交通领域电气化水平较低。**2022 年，电能占终端能源消费比重超过 27%。目前国内工业电气化水平保持稳定，工业部门电气化率达 26.2%，其中，传统高载能行业电气化水平稳步提升，高技术制造业用电实现快速增长。建筑电气化发展持续向好，建筑部门电气化率达 44.9%，热泵电制冷暖供应逐步推广，光储直柔建筑相关探索正在开展。交通电气化进程稳中有进，交通部门电气化率达 3.9%。

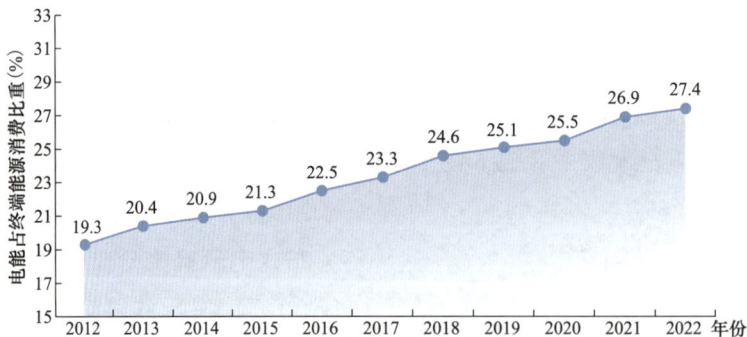

图 2-12 电能占终端能源消费比重

**第三产业和居民用电负荷持续增大，负荷峰谷差拉大，尖峰化特征明显，最大负荷增速高于用电量增速。**随着我国经济进入高质量发展阶段，第二产业用电比重稳步下降，第三产业和居民生活用电占比逐年提高。第三产业和居民生活用电夜间用电负荷需求水平明显降低，日负荷峰谷差拉大，2022 年国网经营最大日峰谷差达到 2.85 亿千瓦，近五年平均增速达到 7.8%。夏季空调制冷需求和冬季供暖需求不断拉高用电负荷峰值，2023 年国家电网经营区冬季最大负荷超过夏季，达到 10.8 亿千瓦。三产和居民用电波动性较强且时段集中效应明显，三产和居民用电对于固定时段最大负荷的拉动效果强于对全时段用电量的拉动效果，2022 年国家电网经营区 97%、95%、90% 最大负荷的平均持续时间为 17、44、246 小时。最大负荷增速高于用电量增速，"十四五"前两年，国家电网经营区全社会用电量增速为 7.8%，夏季负荷增长率为 11.4%，冬季负荷增长率为 12.1%。

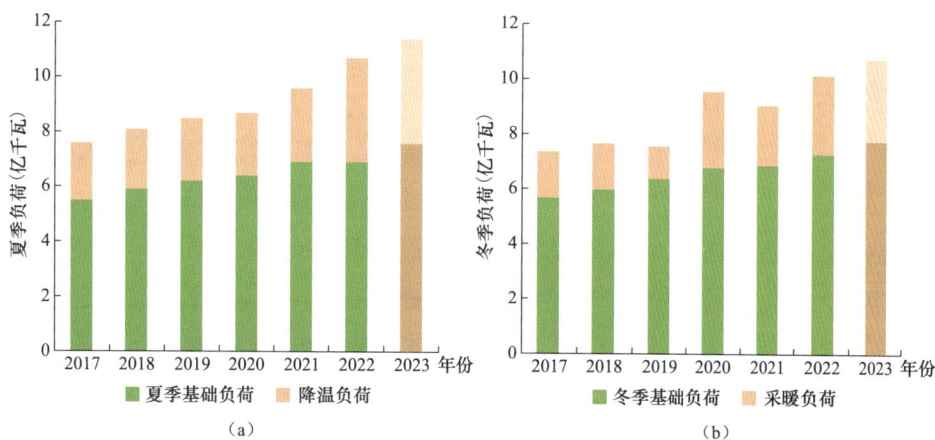

图 2-13　近年夏季、冬季最大负荷构成情况
（a）夏季负荷；（b）冬季负荷

**电力用户"产消者"成为电力系统重要的平衡调节参与力量。**随着分布式电源、多元负荷和储能的广泛应用，大量用户侧主体兼具发电和用电双重属性，工业可调控负荷、储能等终端负荷侧资源特性由传统的刚性、纯消费型，向柔性、生产与消费兼具型转变，源网荷储灵活互动和需求侧响应能力不断提升，支撑新型电力系统安全稳定运行。

**新能源汽车充电负荷快速增长，从电力系统视角看既带来平衡安全方面的挑战，也带来灵活调节潜力。**在国家大力推动新能源汽车产业发展与新能源汽车下乡的背景下，新能源汽车保有量将快速增长，业界预计到 2030 年全国将超过 1 亿辆，使充电负荷在全社会负荷中占比不断提升。相比传统负荷，充电负荷具有更强的波动性、随机性，地理空间分布分散、用车行为差别大，将给电网扩容、平衡调节带来更大压力，但同时也在空间、时间上都具备更强的可转移能力，可通过价格机制、辅助服务市场机制开发调节潜力，车网互动也在积极推进。

　　数据中心、5G 基站、绿电制氢等新兴负荷用电规模已较为可观，但柔性互动潜力存在较大的差异。2022 年底，全国数据中心用电负荷约 2000 万千瓦，投运 5G 基站 231 万座，用电负荷接近 1000 万千瓦，电制氢处于起步阶段，装机容量约 23.2 万千瓦。数据中心、5G 基站可实现用电负荷调节，集聚优势比较明显，规模效应较易发挥，电制氢设备规模效应将随装机增长逐步提升。

（本节撰写人：张幸　审核人：韩新阳、靳晓凌）

# 2.4　多类型储能布局

　　发挥储能调节支撑作用，可以有效平抑新能源波动，保障电力可靠供应。在当前技术路线下，容量大、可靠性高的抽水蓄能是主要的储能资源。为应对更分散、规模更小的分布式电源的日内调节需求，以及跨季节、长周期的储能需求，电化学储能、氢储能等新型储能加快研究与布局。

**受新能源消纳需求刺激和政策扶持，储能增长迅猛，其中，抽水蓄能占比最高，电化学储能成为增长主力。**

　　据中关村储能产业联盟数据显示，截至 2022 年底，储能累计装机规模 5980 万千瓦 [10]，其中，抽水蓄能装机占 77.1%，新型储能装机占 21.9%（规模 1310 万千瓦 /2710 万千瓦时）。2022 年新投运抽水蓄能 910 万千瓦，同比增长 75%，新增投运新型储能项目 730 万千瓦 /1590 万千瓦时，功率、能量规模分别同比增长 200%、280%，超过过去十年累计装机量的总和。新型储能中，电化学储能尤其是锂离子电池储能占据了绝对主力，锂离子电池、铅蓄电池、钠硫电池、液流电池分别占 94.0%、1.4%、1.1%、0.1%。根据国家能源局发布数据，已投运新型储能项目装机规模约 870 万千瓦，平均储能时长约 2.1 小时。

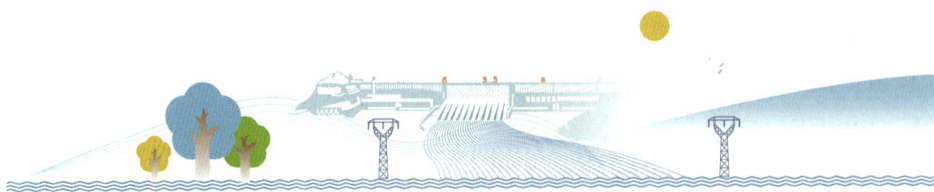

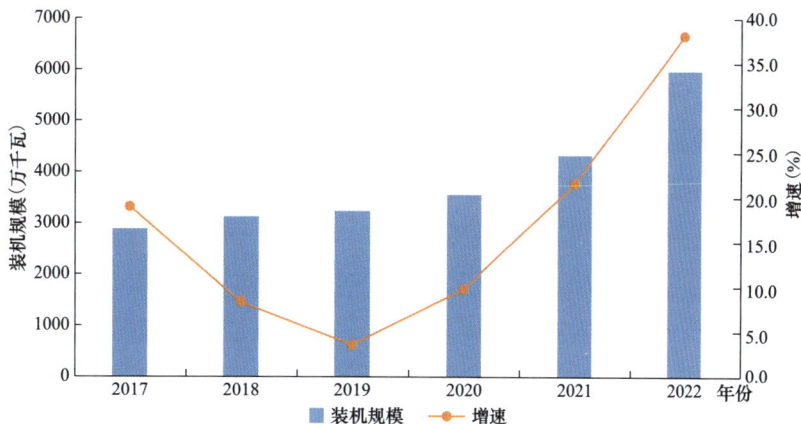

图 2-14 储能装机规模及增速

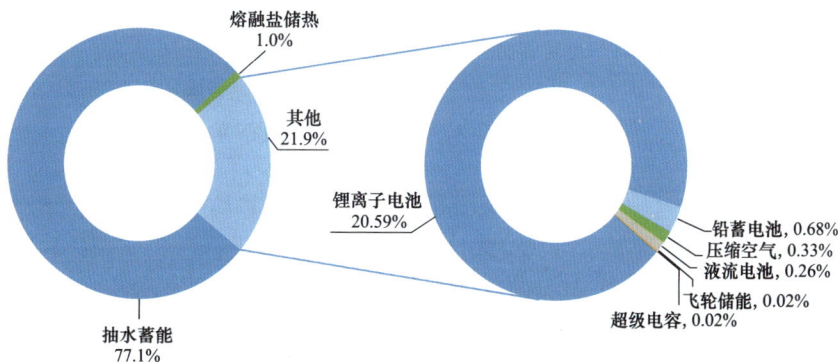

图 2-15 2022 年储能装机结构

当前储能主要提供调峰、调频等日内调节功能, 缓解新能源发电特性与负荷特性不匹配导致的调节压力。

抽水蓄能容量大、建设集中, 新型储能则容量较小、较为分散, 均可在不同时间尺度向电网、用户、分布式能源提供调峰调频能力。随着抽水蓄能成本疏导政策机制的逐步健全, 装机规模迎来大幅增长, 在运装机容量已达到 4729 万千瓦, 核准在建装机容量达到 1.32 亿千瓦, 进入跃升发展新阶段。新型储能在电网侧的装机规模也达到了 120 万千瓦, 主要集中在华东和南方区域。2021 年 5 月, 国家发展改革委发布《关于进一步完善抽水蓄能价格形成机制的意见》, 2022 年国家发展改革委、国家能源局先后发布《"十四五"新型储能发展实施方案》《关于进一步推动新型储能参与电力市场和调度运用的通知》, 明确提出建立抽水蓄能、新型储能等的容量电价机制, 将容量电价对应的容量电费纳入输配电价回收, 为储能的运营模式和投资前景提供了政策支持。

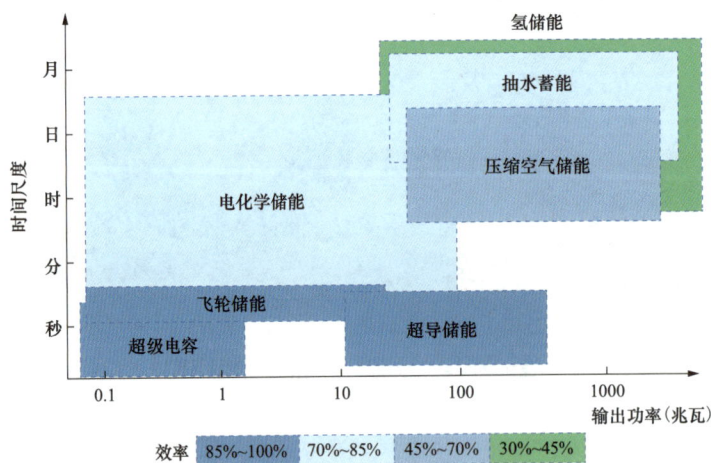

图 2-16　各类储能技术的功率 / 储存特性

新型储能的建设在目前以强制性政策推动为主。

目前，全国已有 20 余个省市发布了新能源配储政策，并对分布式新能源配套建设储能提出明确要求，具体比例为装机容量的 10% ~ 30%，时长 1 ~ 3 小时不等。2022 年 11 月中国电力企业联合会发布的《新能源配储能运行情况调研报告》显示，当前新能源配储能利用率低，等效利用系数仅为 6.1%。工商业用户配置储能的主要原因是满足自身内部用电需求，利用峰谷电价差套利降低运营成本。用户侧分布式光伏配储能面临市场分摊制没有反映真实接网成本、并网考核方式不完善问题，电价套利型储能则有待电力现货市场进一步完善，或峰谷分时价差进一步拉大，从而形成更明确的商业前景。

（本节撰写人：吴洲洋、杨超　审核人：韩新阳）

# 2.5　电碳协同融合

"电 - 碳"市场协同有助于体现新能源环境价值，为新能源发电企业环境价值变现提供可行路径，可有效助力新能源发展，促进新型电力系统建设及"双碳"目标实现。

"电 - 碳"市场价格天然相关，二者协同联动有效促进电力企业向新能源转变。

电力行业不仅是参与电力市场交易的主体，同时也是首批纳入碳市场的对象，碳价的变动影响着电力市场的供求关系。电力市场化条件下，碳价能够向电价传导，同时电价也会反向影响碳价[11,12]。一方面，碳价会增加火电企业成本，体现到电力市场报价中，影响出清结果，进而影响交易价格。另一方面，电力市场供需情况和价格变化会影响火电发电量，电量增减影响碳配额购买需求，进而影响碳价水平。随着电力市场化改革的推进，成本提升势必会抬升电价，从而缩小与绿色电力的价格差距，有利于提高用电企业购买绿色电力的积极性，促进可再生能源电力消纳。其次，电力企业同时参与绿色电力市场和碳交易市场，在碳排放配额或可再生能源消纳的约束下，需要统筹制定发电上网决策。随着度电成本的上升，火电的成本优势将被弱化，电力企业将倾向于可再生能源电力投资。

> 我国绿电交易尚处于起步阶段，市场化体系和长效机制正逐步落地。

2021 年 9 月，国家发展改革委、国家能源局正式批复了《绿色电力交易试点工作方案》，拉开了中国绿色电力交易的大幕，提供了"中国方案"。2022 年 1 月和 5 月广州电力交易中心和北京电力交易中心分别发布了《绿色电力交易实施细则》，对绿电交易的组织、价格、结算、绿证划转等方式和流程进行了细化，为绿电交易常态化开展提供支持，目前来说，我国绿电交易还处于起步阶段，市场化交易机制及政策机制初步搭建，市场成熟度较低。

> 近期 CCER 加速重启，为企业增添环境成本释放路径。

2023 年 10 月 19 日，生态环境部发布了《温室气体自愿减排交易管理办法（试行）》，意味着国家核证自愿减排量（CCER）项目备案正式重启。2023 年 10 月 24 日，生态环境部公布了首批 CCER 项目新的方法学，旨在加快 CCER 的重启进程。对于高碳排放企业，CCER 重启能够降低其环境成本。企业可以通过购买绿电、绿证减少实际或核算碳排放量，或购买 CCER 来抵消自身的碳足迹，这些交易价格较低，与从碳排放权交易市场获取碳配额相比，能够降低履约成本。

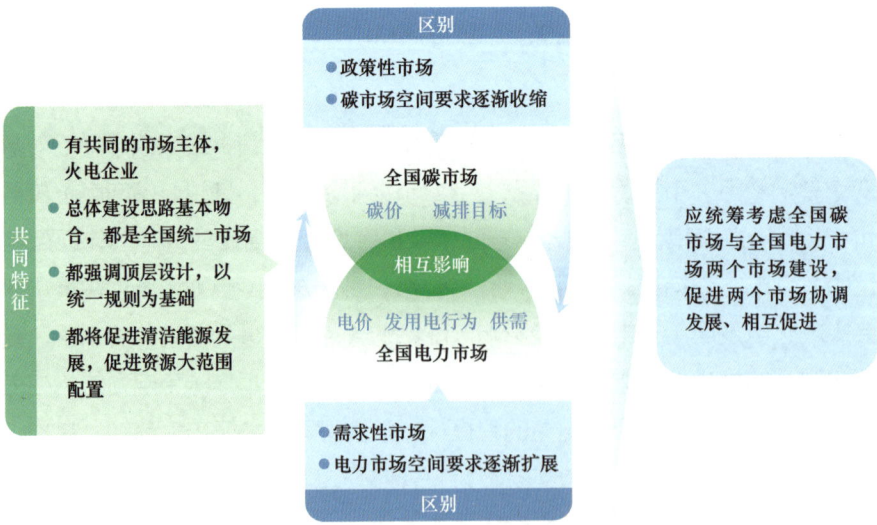

图 2-17　"电 - 碳"市场协同框架

（本节撰写人：刘卓然、张凡　审核人：靳晓凌、韩新阳）

## 2.6  数字化升级驱动

　　提高电网数字化水平是数字经济发展的必然趋势，也是构建新型电力系统、促进能源清洁低碳转型的现实需要。《"十四五"现代能源体系规划》（发改能源〔2022〕210号）提到要推动能源基础设施数字化、建设智慧能源平台和数据中心、实施智慧能源示范工程，进而加快信息技术和能源产业融合发展，推动能源产业数字化升级，并加强能源数据资源开放共享，发挥能源大数据在行业管理和社会治理中的服务支撑作用[1]。

　　新型电力系统与数字化技术的深度融合是实现源网荷储一体化协同的关键。数字化技术可提升能源电力系统的生产力水平，对能源电力行业传统生产关系进行优化和调整。数字化的本质是通过新型数字基础设施的构建，打通数据要素价值发挥作用的全链路，因此，数字化转型需要讲究体系性、系统性。数字化技术的应用，可实现对电力系统源、网、荷、储、碳等多个领域或者要素的数字呈现、仿真，推动各类要素的全面融合，提升对系统运行的理解，增强可观、可测、可调、可控，降低不确定性。

　　**数字化推动了新型电力系统功能形态从传统的集中式、单一控制向多领域多要素协调的转变。**数字化技术的推广应用，可实现电力系统与交通、通信等社会系统的深度交互，快速适应气候和自然变化，发挥电网延伸拓展能源网络的潜力，打破电力系统资源配置在物理世界中的时空限制，降低不确定性，为推动各类要素智能控制、智慧赋能、全面融合提供坚实基础。例如，国网新能源云平台的建立为新能源规划建设、并网消纳、交易结算等提供一站式服务，引导新能源科学开发、合理布局，提升源网荷储协调互动水平。

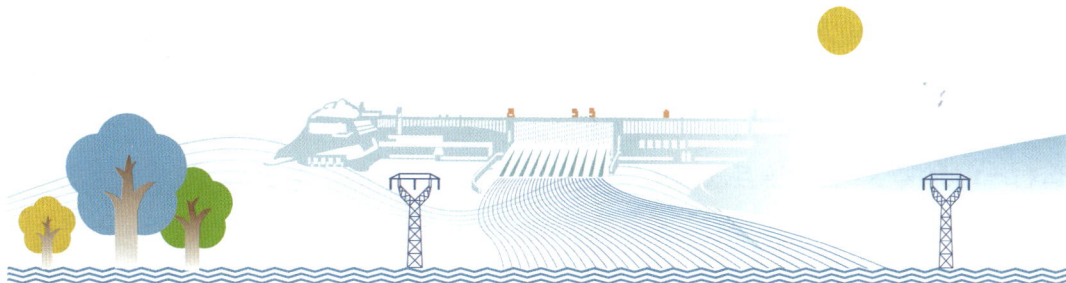

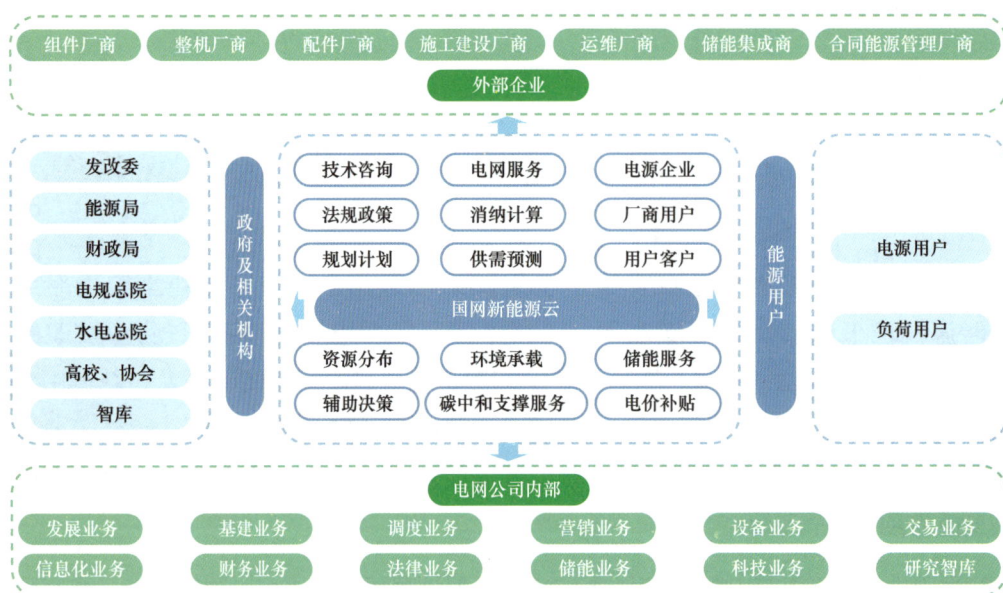

图 2-18　国网新能源云平台架构

**数字化推动了新型电力系统"四可"控制手段的丰富和控制能力的提升。**当前，在数字化的支撑下，大电网能实时地对生产数据进行秒级共享展示及复杂分析计算，新型电力系统可观、可测、可调、可控的覆盖范围逐步扩大，预测、预报、预警"三预"能力不断提高。例如，国网大数据中心研发乡村振兴电力指数产品，利用电力大数据服务乡村振兴，通过终端设备全息感知、真实获取、实时监控企业生产运行状态，能够直接反映电网运行、企业用电行为及运营情况，有效支撑电力大数据应用工作。国网江苏省电力有限公司建立全息数字电网，覆盖江苏全省 35 千伏及以上电压等级 10 万余千米的电网数据，以全息数字电网为载体，推动输电无人机自主巡检规模化应用，提升输电线路智慧运检水平，支撑输、变、配等业务一体化应用，增强电网设备、环境、运检状态管控能力。2023 年 9 月，国网浙江省电力有限公司以环亚运村电网为核心，将能源互联网

图 2-19　浙江杭州泛亚运会区域数字孪生电网

物理系统实时完整映射为数据，建成覆盖亚运区域输、变、配电网设备全要素"数字孪生"电网，实现亚运村 88 万千伏安主干电网的全息数字化呈现。

　　**数字化推动了新型电力系统资源管理、资产管理、生产指挥等生产管理方式的重塑。**通过数字化技术的应用，提升能源电力系统的生产力水平，充分利用电力系统的分散资源。同时，推动多个主体的自学习、自组织和自演进，支持市场化水平的提升，优化和调整能源电力行业传统生产关系。例如，国家电网有限公司（简称国家电网公司）"电网一张图"打造了电网的基础底座，依托电网资源业务中台能力，建设企业级电网图形服务平台，充分融合电网资源、资产、拓扑、量测、气象等海量数据，实现物理电网在数字空间的动态管理，助力设备资产管理、生产业务指挥、电网工程建设等核心业务高效开展。南网智瞰，是实现"全网一张图"的门户及应用，基于中国南方电网有限责任公司（简称南方电网公司）数字化技术基础平台和数字孪生技术，融合地理、物理、管理和业务信息，建立动态鲜活电网，提供灵活组合共享服务模式，快速响应上层业务应用的平台；融合了关系、图、三维的电力领域数据建模技术，构建了覆盖设备全要素、全时空的数字化模型，覆盖源网荷储，支撑全域物联的透明管理。另外，由国网信息通信产业集团有限公司运营的"零碳"数据中心全面支撑兰州新区"东数西算"工程，并入选"2022 年度国家绿色数据中心"，这些数字基础设施都将成为未来能源电力消费的重要主体，并占据相当大的比重，在资源管理、资产管理、生产指挥等方面具有重要意义。

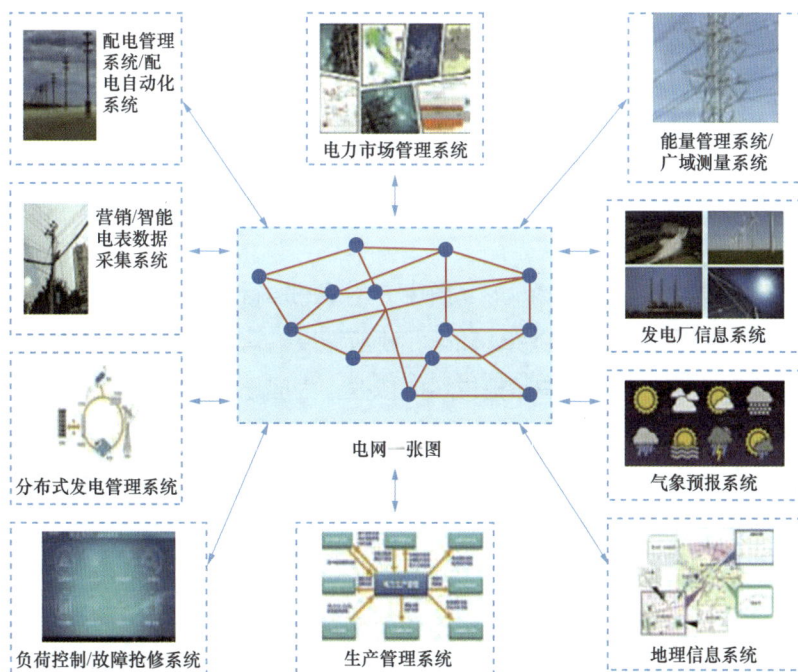

图 2-20　基于"电网一张图"的多源信息系统集成

（本节撰写人：丁玉成　审核人：靳晓凌）

## 2.7　智能化智慧推动

随着"大云物移智链边"等新一代信息技术和能源技术深度融合、广泛应用，能源转型的智能化特征凸显，为新型电力系统智慧赋能，在数字空间开展计算推演、智能决策和互动调节。依托"算力""数力"和"智力"的融合，以数据流优化能量流、业务流和价值流，重构原有的业务模式，并孵化新模式、新业态。智能化的本质是依托"大云物移智链边"等技术，实现机器的自主学习、智能决策、智能控制、动态演进，从而实现高度人机协同，打造出新的业务模式和商业形态。电力系统的智能化能够实现对电力系统运行管理中调度、交易、运维等相关环节的辅助决策、风险预警，实现更加友好的人机深度互动，提高对复杂性问题的解决。智能化是数字化的进阶模式，两者相互融合、相互促进，需要协同推进。2023 年 3 月，国家能源局印发《关于加快推进能源数字化智能化发展的若干意见》，要求坚持需求牵引、数字赋能、协同高效、融合创新的基本原则，提出加强传统能源与数字化智能化技术相融合的新型基础设施建设，释放能源数据要素价值潜力。

应用先进的电力数据分析和人工智能技术辅助决策，以提供更准确的实时信息和决策支持。

精细化的数据解读能力能够及时了解电力网络的运行状况，优化资源配置，有效规划运维策略，提升电力系统的整体效率和响应速度。智能系统还能针对不同场景提供多样化的决策支持，为运营决策提供科学依据，为应急响应提供即时指导，为电力系统的稳定运行提供可靠保障。辅助决策功能还可以为负荷聚合、综合能源服务、虚拟电厂等市场主体提供广泛、及时、准确的电力市场信息，促进市场主体提高需求响应、电力交易决策水平，支撑市场化高透明度、高效率的电力市场建设。2023 年 10 月，国网上海市电力公司应用电力人工智能辅助决策系统，依托企业级人工智能平台，贯通各类基础数据及评价模型，实现配网管理高智能、高自主、高效能，在多种智慧保电手段的护航下，核心区域电网供电可靠性已达 99.999% 以上。

> 综合利用传感器和监测技术，深度分析数据实现电力安全风险预警，实时监测电力设备和网络的状态。

这意味着系统能够第一时间探测到潜在的问题和隐患，如设备老化、负荷异常、恶劣天气等，提前发出预警信号。这将预留宝贵的时间窗口，采取相应的维护和修复措施，避免事故的发生，最大程度地保障电力系统的可靠性和稳定性。2023 年 8 月，国网广德市供电公司开展"机器狗 + 无人机"地空一体化智能运维巡检，对变电站设备运行状态进行检测，可实现自主巡检、缺陷自动识别，在迎峰度夏期间，可以及时发现设备运行异常，提高变电站可靠供电能力。

图 2-21　国网广德市供电公司应用"机器狗 + 无人机"智能巡检

（本节撰写人：丁玉成　审核人：靳晓凌）

# 2.8　治理保障支撑

深化电力体制机制改革是构建新型电力系统的重要保障，通过全面推进统筹战略规划、统筹协调监管，健全科学合理的市场机制、电价机制和法治体系，建设全国统一电力市场，促进电力治理体系和能力的现代化。经中央全面深化改革委员会第二次会议审议通过的《关于深化电力体制改革加快构建新型电力系统的指导意见》，在充分评估前期电力体制改革成效以及目前电力行业面临新形势、新挑战的基础上，针对电力转型发展中的难题，提出要深化电力体制改革，统筹发展与安全，加快构建与新型电力系统建设相适应的体制机制。

图 2-22　电力治理能力现代化

**一是能源电力转型战略规划体系逐步完善提升新型电力系统协同推进水平。**

2021 年以来，从中央、政府部门到地方政府出台了一系列能源电力转型部署及政策，包括"双碳""1+N"政策体系、"十四五"能源发展规划以及相关指导意见等，为新型电力系统构建提供政策保障。以国家能源战略为导向，强化规划的统领作用，促进不同区域、行业之间的协同规划，整体提高新能源电力系统对绿色低碳转型和供应安全的保障作用。

**二是统一电力市场体系加快建设，促进电力资源在更大范围配置**

2022 年，全国电力市场交易规模进一步扩大，全年完成市场化交易电量 5.25 万亿千瓦时。"统一市场、两级运作"的全国统一电力市场总体框架基本建立，省间交易与省内交易的功能定位日渐清晰。初步形成在时间周期上覆盖多年、年度、月度、月内的中长期交易及日前、日内（实时）现货交易，在交易标的上覆盖电能量、辅助服务、合同、可再生能源消纳权重等交易品种的电力市场体系结构，6 个电力现货试点地区进入长周期结算试运行。多层次电力市场体系的建立健全，进一步打破省间壁垒，促进电力资源在更大范围、更高程度优化配置。

**三是适应市场化要求的电力价格体系初步建立，激发各主体参与系统调节活力。**

有序推动全部燃煤发电电量进入市场形成市场交易电价，将上下浮动的范围扩大为原则上均不超过 20%，让电价更灵活地反映电力供需形势和成本变化，在一定程度上缓解燃煤发电企业经营困难、激励企业增加电力供应。完善抽水蓄能电站价格形成机制，将容量电价纳入输配电价回收，逐步推动抽水蓄能电站进入市场。进一步健全分时电价、阶梯电价机制，更好地引导用户削峰填谷、改善电力供需状况、促进新能源消纳。

（本节撰写人：王旭斌　审核人：韩新阳）

# 2.9 示范工程实践

新型电力系统建设需充分考虑不同地区的资源禀赋、电力系统发展基础，因地制宜、有序推进，多地区根据自身特色加快推进相关示范工程实践。2021 年 7 月，国家电网公司将青海、浙江、福建列为新型电力系统省级示范区，其中，青海是清洁能源送端，浙江是典型受端系统，福建是供需相对均衡系统。此外，还有很多省份开展地区级、园区级示范工程。南方电网公司布局 35 项新型电力系统示范区，如以粤港澳大湾区为核心的新型电力系统示范区、海南博鳌东屿岛零碳示范区等。

（1）高比例清洁能源送端系统。

以青海新型电力系统示范区建设为例，分析典型送端电力系统相关实践情况。

**发展特点**

青海具备典型送端电网特征，是"西电东送"的重要通道之一，承担着西北乃至全国资源优化配置的重要任务。青海省电源结构已发展到清洁能源主导、新能源为主体的阶段，具备率先构建新型电力系统的条件。青海清洁能源品类丰富、结构多样，水能、风能、太阳能技术可开发量分别超过 2187 万、7500 万、35 亿千瓦，可利用荒漠土地近 10 万平方千米，综合开发条件居全国之首。目前，青海清洁能源和新能源装机占比分别为 90.9% 和 61.9%。

**建设目标**

构建新型电力系统示范区为一个总体目标[13]，以技术突破和机制创新为两方面保障。建成亿千瓦级清洁能源基地和千万千瓦级负荷中心，广域耦合柔性立体电网架构、多条特高压直流外送格局全面形成，水、火电发展潜力充分挖掘，抽水蓄能、新型储能等调节设施规模化投运，绿氢产业升级发展，亿千瓦级氢电耦合系统布局完成，支撑青海规模化新能源开发消纳，有力推动国家清洁能源产业高地建设，助力全国"双碳"目标落地。到 2030 年，全面建成青海新型电力系统。

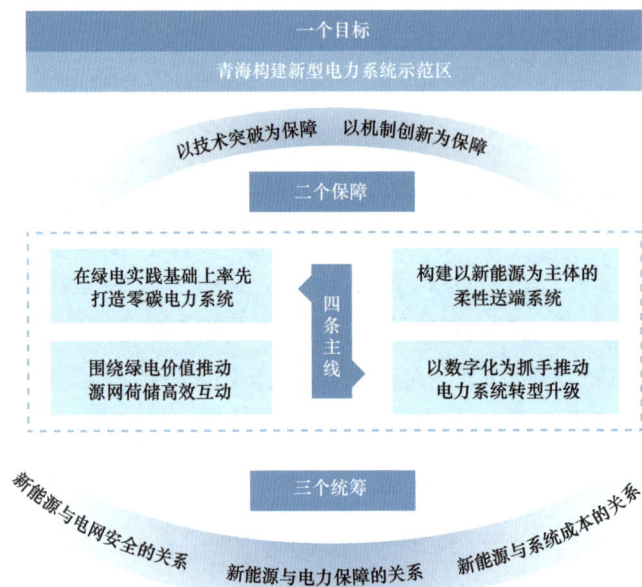

图 2-23 青海新型电力系统省级示范区建设框架

推进路径

坚持"省内高水平转换消纳＋省外大规模输送"双轮驱动发展方式，统筹新能源发展与电网安全、电力保障和系统成本的三方面关系，从打造省域零碳电力系统、构建柔性送端电力系统、源网荷储高效互动、电力系统数字化转型四条青海特色主线展开实施。

**示范实践**

**支撑清洁发电并网方面,** 2022 年 7 月,中国电信(国家)数字青海绿色大数据中心建成启用,可实现 100%可溯源绿电供应,国网青海省电力有限公司构建了"智能电网 + 绿电交易 + 绿电溯源"的绿电供应体系,有力支撑了中心的建成落地,同时从电网规划、技术创新、供需衔接多方面发力,确保首批"沙戈荒"大型风电光伏基地项目按期并网。

**助力能源绿色消费方面,** 2023 年 7 月,青海省智慧"双碳"大数据中心成立,承担全省碳排放数据的采集、汇聚、监测、整理、分析、共享和应用,为逐步建立相关行业标准提供数据支撑,精准引导能源绿色消费。

**(2)外受与本地电力协同受端系统。**

以浙江新型电力系统示范区建设为例,分析典型受端电力系统相关实践情况。

**发展特点**

浙江是传统能源匮乏、新能源发展迅速的典型受端系统。新能源和外来电的不确定性带来电力保供与限用交织、成为新常态,能源电力安全可靠、清洁低碳、经济高效的"三元矛盾"突出,亟待探索一条新型电力系统的发展道路。在全省夏季过亿千瓦负荷需求中,空调降温负荷占比已近四成。

**建设目标**

以多元融合高弹性电网为关键路径和核心载体,发展大规模储能、源网荷储协调互动、体制机制突破等,应对大规模新能源和高比例外来电不稳定性和不确定性,构建具有鲜明浙江特色的新型电力系统,支撑浙江高质量发展建设共同富裕示范区,引领高质量实现"双碳"目标。到 2035 年,全面建成新型电力系统省级示范区。

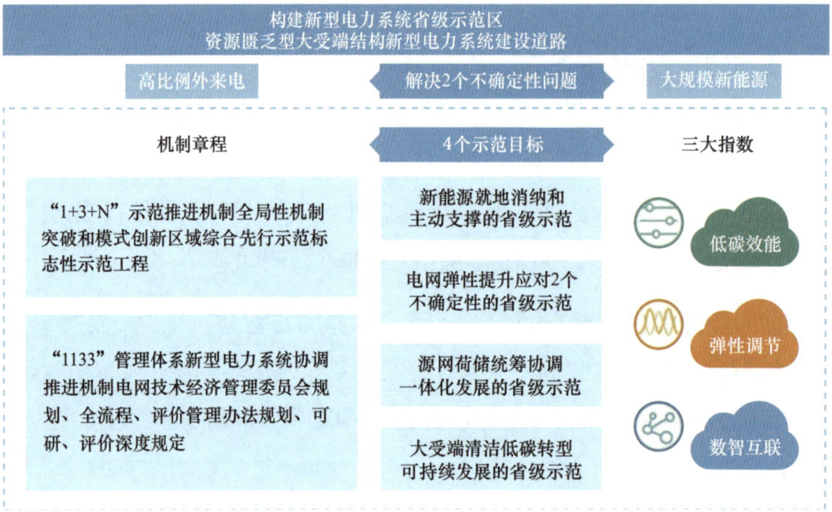

图 2-24　浙江新型电力系统省级示范区建设框架

**推进路径**

核心任务是要提升系统调节能力，解决外来电和新能源"两个不确定性"问题，实现资源匮乏型大受端电网安全保供目标。路径包括：实施多元融合弹性电网；以"四能四力"路径提升系统调节能力[14]，其中，"四能"为政策赋能、丰富储能、科学用能、坚决节能，"四力"为电源合力、电网弹力、数字活力、创新动力；以"大云物移智链"推动数字化转型；以多类型电力市场提升系统运行效能等。

**示范实践**

**推动新能源大规模发展方面**，提出"风光倍增计划"，到 2025 年，省内新能源装机容量将翻一番，探索"源网荷储一体化"发展模式，鼓励发展"新能源 + 储能"。截至 2023 年 7 月，浙江省光伏装机容量较两年前增长 81%。

**提升系统调节能力方面**，积极开展虚拟电厂探索，聚合空调负荷、新能源汽车、储能等灵活可调节资源，2023 年 4 月，国网浙江电力牵头启动编制《虚拟电厂管理规范》国家标准，从虚拟电厂设计规划、建设实施、并网管理、运营管理、评估分析和安全原则等方面，引导相关单位探索各类典型虚拟电厂的发展模式。

**数字赋能社会"双碳"治理方面**，2021 年以来，国网浙江省电力有限公司持续优化建设浙江省能源大数据中心和能耗双控数智平台，推出碳效码、"双碳"大脑等 20 余项数字产品，构建精准智治的全社会节能减碳新格局，以数智支撑新型电力系统建设和"双碳"目标实现。

**（3）供需相对均衡系统。**

以福建新型电力系统示范区建设为例，分析供需相对均衡系统相关实践情况。

**发展特点**

福建是多个区域协同发展战略的交汇点，是全国首个国家生态文明试验区。少煤缺油缺气，一次能源自给率低。与东部沿海其他省份相比，福建清洁能源发电量占比最高，清洁能源装机容量、发电量"双过半"，电源结构由以化石能源为主向清洁能源为主转变，是东部沿海唯一电力自平衡且具备外送能力的省份。

**建设目标**

立足电源品种结构优、绿色转型基础好等独特优势，围绕"源网荷储协同、科技创新支撑、体制机制赋能"，立足长远、适度超前、科学规划，以打造"三大三先"省级高质量发展示范电网为目标[15]，高标推进新型电力系统省级示范区建设。

图 2-25 福建新型电力系统省级示范区"三大三先"建设框架

**推进路径**

着力"强网架、促互联"，高标准推进东南清洁能源大枢纽建设；提升配电网安全保供、灵活接入、智慧运营、优质服务能力；推进"数字化＋生态圈"建设，让"数字闽电"建设成果惠及全产业、全社会；提升清洁电量占比，支撑海上风电、核电、光伏等清洁能源开发利用；强化电网本质安全水平建设，主动应对和适应各类风险挑战；深化政策、电价、电碳协同等研究，促进形成推进新型电力系统良好发展的体制机制与配套政策。

示范实践

**东南清洁能源大枢纽建设方面，**截至 2023 年 9 月，闽粤联网工程投运 1 年多，累计输送电量 35 亿千瓦时，促进了电力互补互济、余缺调剂；1000 千伏福州—厦门特高压交流工程贯通，可提升外受电能力 400 万千瓦，促进沿海核电、风电等清洁能源开发利用。

**高能级配电网建设方面，**2023 年 6 月，福建首个虚拟电厂在厦门上线运行，已聚合 600 多家参与主体，可调资源约 40 万千瓦，同时也布局了一批微电网示范项目，深化柔性直流、配微协同控制等技术应用，推进城镇、海岛、园区、乡村等多类型微电网示范形态。

（本节撰写人：王旭斌　审核人：韩新阳）

# 2.10　发展面临挑战

新型电力系统多要素持续演进，但综合来看在电力安全保供、多层级电力电量平衡、系统调节能力、新能源消纳、系统成本疏导等方面面临一些挑战。

一是多因素叠加形势下供需双侧不确定性加强，系统安全保供面临挑战。电力系统"多高多峰逆调节"特征进一步凸显，加剧电力供需矛盾。**供应侧，**近年来国际上一次能源价格大幅上涨，全球能源危机持续加剧。国内受煤炭价格上涨、高温极端天气等影响，部分地区也出现了供需紧张局面。我国电力需求仍维持稳步增长趋势，考虑一次能源供给趋紧，极端天气频发、广发、多发，电力供应不确定性因素增加，保安全、促转型的压力长期存在。风电和光伏发电具有随机性，发电出力"靠天吃饭"，装机占比和电量占比不断提高，但对电力平衡的支撑能力不足；参与电量平衡的比重可以超过 95% 甚至超过 97%，但当前参与电力平衡的比重一般不到 10%[16,17]。制约平衡能力的主要矛盾由"二次能源"转为"一次能源"，供煤、供气、水情、风光资源成为影响发电能力的关键因素。**需求侧，**第二产业用电占比降低、第三产业和居民生活用电上升，第三产业和居民生活用电最大峰谷差率在 0.4～0.6 之间，高于第二产业（0.1～0.3 之间），导致峰谷差率将总体呈上升趋势。

需要始终坚持系统观念、底线思维，深刻认识电力安全保供的艰巨性、复杂性，深入研判电力供给、电力负荷、供需平衡、系统安全等方面的重大变化，保障电力供需平衡。

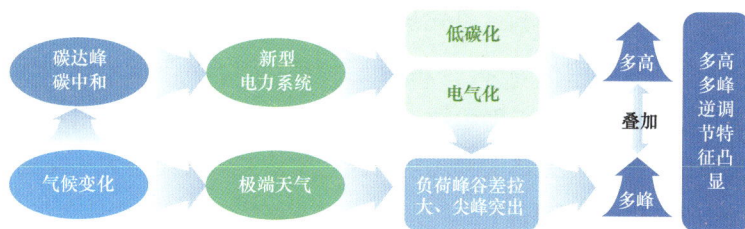

图 2-26　电力系统"多高多峰逆调节"特征凸显

**二是系统灵活调节能力偏低，难以匹配高比例新能源、多元负荷发展需求。** 新型电力系统呈现源荷高度随机性特征，决定了要加快提升电力系统灵活调节能力，优化配置灵活调节资源及结构。我国电力系统特别是电源侧的灵活调节能力严重偏低，难以支撑新能源占比逐渐提高的新型电力系统发展。未来相当长时间内，电力系统仍将维持以交流电为基础的技术形态，交流电力系统稳定问题将长期存在。随着新能源技术及系统特性加剧变化，电力电子化系统安全稳定运行风险增大，数量多、分布广特征对系统安全控制带来挑战。需要积极推动多时间尺度、多种类型灵活性资源协同运行，缓解新能源发电特性与负荷特性不匹配导致的短时、长时平衡调节压力，提升系统调节能力，支撑电力系统实现动态平衡和稳定运行。

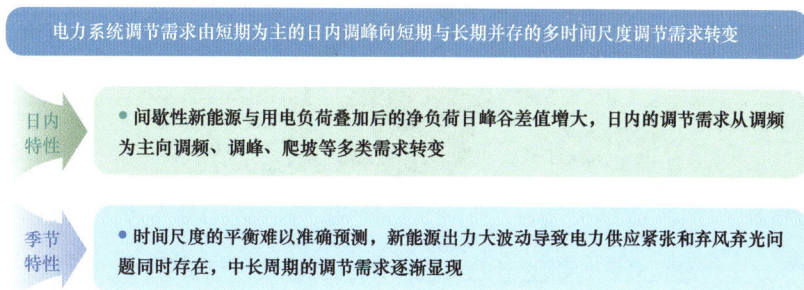

图 2-27　电力系统调节特性转变

三是新能源规模化发展促进清洁低碳转型的同时，客观上造成系统成本的上升，同时对市场运营提出更高要求。新能源使配套电网建设、调度运行、备用服务、容量补偿等投资不断增加，新能源电量渗透率超过 10% ~ 15% 以后，系统成本将进入快速增长的临界点[18]，并最终向终端零售用户传导。**从市场风险看**，由于新能源运行成本和边际成本远低于传统电源，甚至会出现负电价情况，大量新能源参与市场会降低市场边际出清价格，导致传统能源无法有效回收成本，长期看存在容量充裕性风险。**从交易机制看**，现有市场交易机制需要适应海量零售市场主体交易需求，新型零售主体交易量大，交易机制复杂且透明程度低，从而带来零售市场交易风险。

四是技术机制模式创新有待加快，新型电力系统关键驱动力亟待增强。构建新型电力系统，实现关键技术突破尤为重要。目前整体技术创新水平得到有效提升，但在先进核电、碳捕捉利用及封存、高效率低成本可再生能源发电装备、大功率柔性输变电装备、长时储能、燃料电池、大型燃气轮机、高温材料、高端电工材料、关键元器件等支撑新型电力系统构建的技术、装备、材料亟须攻关突破。同时，需要强有力的电力治理能力。当前电力体制改革进入"深水区"，深层次矛盾不断凸显。电力市场不协调不平衡问题较为突出，满足新型电力系统灵活、高效、便捷互动的市场机制和价格体系亟须完善，适应新能源低边际成本、高系统成本、大规模高比例发展的市场设计亟待创新，各类调节性、支撑性资源的成本疏导机制尚需健全，输配电价、上网电价、销售电价改革有待进一步深化。

图 2-28　新型电力系统技术机制模式创新体系

（本节撰写人：王旭斌　审核人：韩新阳、靳晓凌）

# 3

# 技术创新驱动

技术创新是实现"双碳"目标、构建新型电力系统的关键动力，需要超前谋划、统筹安排基础性、关键性、颠覆性技术的科研攻关、试点应用、产业孵化、工程推广。

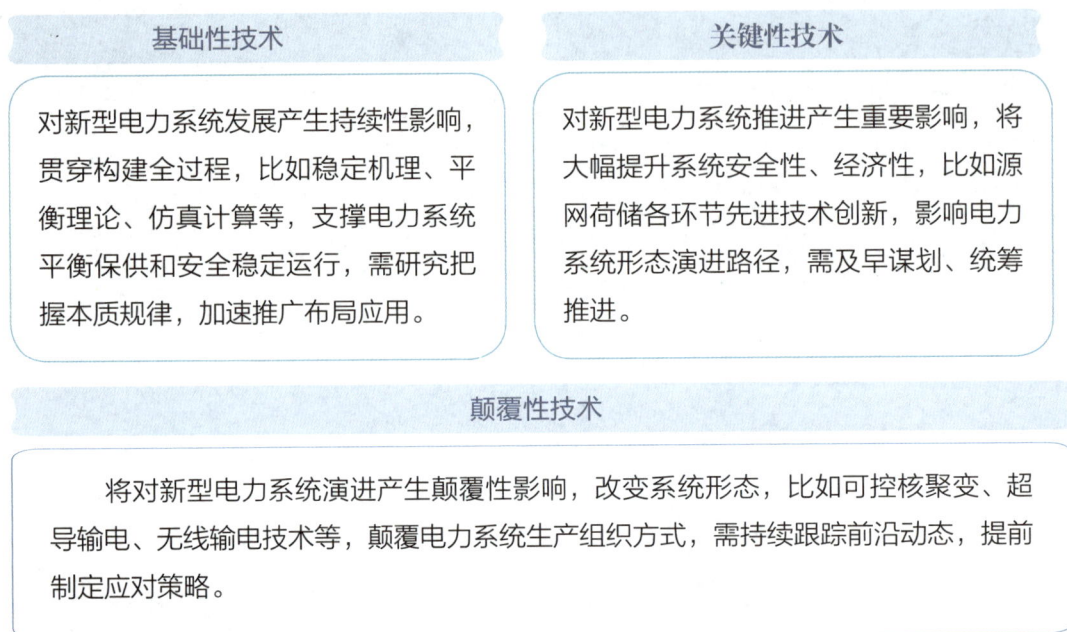

| 基础性技术 | 关键性技术 |
| --- | --- |
| 对新型电力系统发展产生持续性影响，贯穿构建全过程，比如稳定机理、平衡理论、仿真计算等，支撑电力系统平衡保供和安全稳定运行，需研究把握本质规律，加速推广布局应用。 | 对新型电力系统推进产生重要影响，将大幅提升系统安全性、经济性，比如源网荷储各环节先进技术创新，影响电力系统形态演进路径，需及早谋划、统筹推进。 |

**颠覆性技术**

将对新型电力系统演进产生颠覆性影响，改变系统形态，比如可控核聚变、超导输电、无线输电技术等，颠覆电力系统生产组织方式，需持续跟踪前沿动态，提前制定应对策略。

同时，新型电力系统更加依赖跨行业、跨领域的技术联合攻关，强调技术系统创新模式，通过聚焦重大关键共性问题，发挥各自优势，统筹联动推进新型电力系统建设，促进创新链产业链融合发展。新型电力系统技术创新驱动分析维度涵盖技术成熟度、技术经济性、技术应用场景以及对新型电力系统演进影响的分析研判。

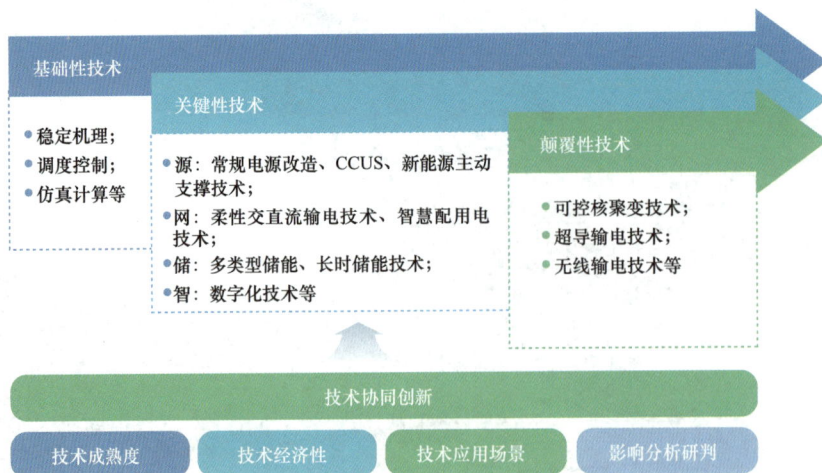

基础性技术
- 稳定机理；
- 调度控制；
- 仿真计算等

关键性技术
- 源：常规电源改造、CCUS、新能源主动支撑技术；
- 网：柔性交直流输电技术、智慧配用电技术；
- 储：多类型储能、长时储能技术；
- 智：数字化技术等

颠覆性技术
- 可控核聚变技术；
- 超导输电技术；
- 无线输电技术等

技术协同创新

| 技术成熟度 | 技术经济性 | 技术应用场景 | 影响分析研判 |

图 3-1 新型电力系统技术体系

# 3.1 基础性技术研究进展

从新型电力系统运行机理、稳定性与可靠性理论、平衡理论、仿真计算等方面，分析新型电力系统基础理论研究的情况。

稳定机理方面，电力系统未来较长时间内仍以交流电为技术基础，但电力电子化程度的加深使稳定机理发生深刻变化，当前对双高电力系统稳定机理的解释方法多样，本质机理揭示仍处在探索阶段。

电力电子设备大量并网，大电网的毫秒级 - 秒级机电动态过程受到微秒级电力电子控制和开关过程的高度影响，高比例新能源电力系统的动态特性复杂、稳定形态多样[11,12]。如何评估这些稳定方法 / 判据的适用范围和场景，科学地解释不同稳定现象的失稳机理，是电力系统目前亟待解决的难题。

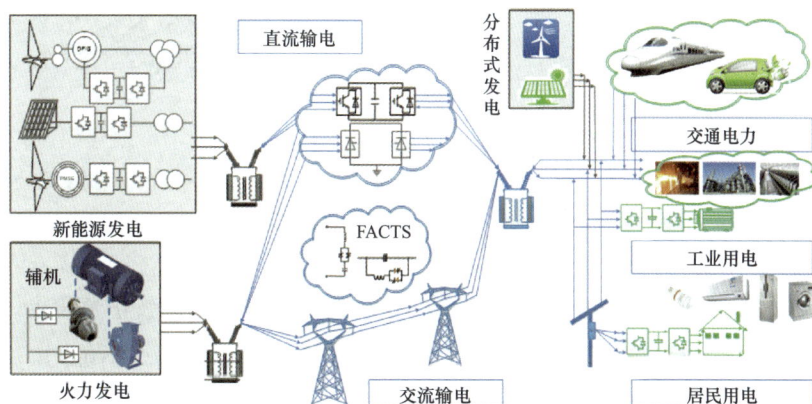

图 3-2 高比例电力电子装置并网示意

平衡理论方面，物理对象的变革对供需平衡基础理论提出了新挑战，亟须建立适应高比例新能源电力系统新一代电力系统供需平衡新理论。

随着新能源占比持续升高并最终占据主导地位，供需双侧与系统调节资源均呈现高度不确定性，系统平衡机制由"确定性发电跟踪不确定负荷"转变为"不确定发电与不确定负荷双向匹配"，供需双侧运行特性对气候等外部条件产生显著的依赖性，传统电力系统供需平衡理论面临重大挑战。充分考虑供需双侧特性对气候、天气条件的依赖性，以及供需双侧与系统调节资源的高度不确定性，建立新能源为主体的新型电力系统供需平衡基础理论，厘清气候变化与可再生能源开发的交互作用机理，揭示不确定性与规划 / 运行策略的耦合作用机理，建立不确定供需双向匹配的优化决策理论和方法。

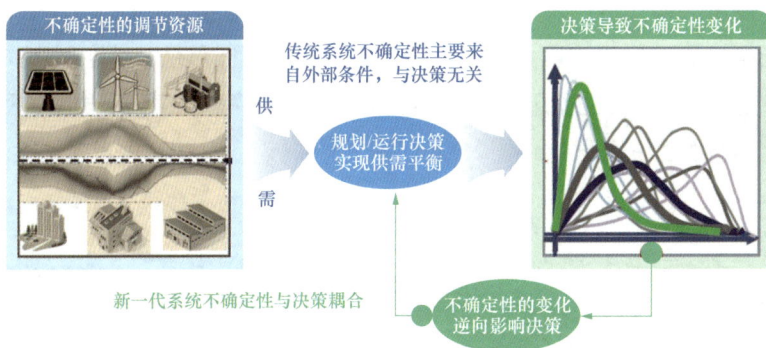

图 3-3　供需平衡基础理论

仿真计算方面，针对交直流互联大系统已初步建成现代电力系统仿真平台，需要结合新型电力系统超大算力需求提升多场景电磁暂态仿真、数字仿真计算分析能力。

为支撑特高压交直流互联大电网快速发展和安全运行，电力系统仿真技术持续进步，建成了现代电力系统仿真平台，研制了具有自主知识产权的电力系统仿真分析成套软件系统。实现了大规模复杂电力系统仿真的工程化应用，电磁暂态仿真规模超过 1 万节点，覆盖区域主网架和新能源场站。新型电力系统与自然资源、人类社会耦合更加紧密，客观上要求将气象、能源、信息、社会等外部系统纳入电力系统仿真，对仿真维度、深度、广度、精度等提出更高要求，需要结合高性能计算、云计算、人工智能等先进信息通信技术增强计算能力。

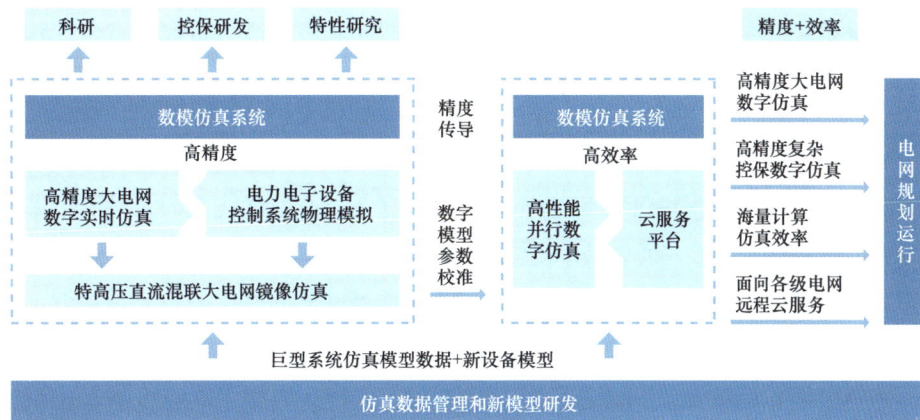

图 3-4　电力数字仿真系统

（本节撰写人：王旭斌　审核人：靳晓凌）

## 3.2　关键性技术创新应用

结合新型电力系统构建面临的关键技术难题，从技术成熟度、成本经济性、应用场景等维度，分析技术创新示范实践应用情况，研判新型电力系统技术创新发展趋势。

### 3.2.1　常规电源清洁利用技术

目前，我国已建成全球最大的清洁高效煤电供应体系。得益于我国先进高效煤电机组占比不断提高和实施节能提效改造，煤电能效水平持续提升、供电煤耗持续下降。当前，我国部分煤电机组仍存在能耗偏高、灵活调节能力不足等问题，仍需通过实施改造升级进一步提升高效、清洁、低碳、灵活、智能化水平。

（1）煤电灵活性改造技术。

技术成熟度方面，煤电灵活性改造技术成熟、路线选择多，主要取决于锅炉燃烧稳定性以及汽轮机和主要辅机的适应性，但存在机组长期低负荷运行导致的安全性和经济性问题。

目前国内大部分燃煤锅炉低负荷稳燃能力在 40% ~ 50% 额定负荷，通过改造可下调至 20% ~ 30% 额定负荷。在现有技术支撑下，现役纯凝煤电调峰负荷可下调至 35% 以下，新建超超临界机组调峰负荷可以达到 30%。煤电在快速调节方面进行了大量探索，部分机组负荷响应速率可达到 2.0% $P_e$/min（$P_e$ 为额定功率），相比于灵活性改造前调节速度大幅提升。煤电机组长期在深度调峰、频繁调峰工况下运行，增加了机组设备老化和提早失效风险，对于老旧机组风险隐患更加突出。

技术经济性方面，煤电机组间灵活性改造投资差异明显，不同机组特征、改造目标、燃料特性等条件都将带来改造投资的差别。

经过灵活性改造后的煤电提供灵活性的成本主要包括：灵活性改造投资成本，实际运行中产生的可变成本增量，机组的加速折旧和部件磨损、更换成本增量以及由于损失部分发电收益产生的机会成本。30 万千瓦和 60 万千瓦纯凝汽机组最小稳定出力由 50% 降至 30% 的单位千瓦改造成本在 125 元 / 千瓦左右，按单位千瓦灵活性调节容量折算为 625 元 / 千瓦[19]。

应用场景方面，经过灵活性改造的煤电机组可以为系统提供深度调峰、快速爬坡、快速启停等调节能力。

煤电灵活性改造是"十四五"期间系统调节能力提升的重要途径，发挥深度调峰、快速爬坡、快速启停等调节作用，满足高比例新能源波动、负荷峰谷差拉大及尖峰调节需求，推动支撑性、调节性电源建设，保障系统安全运行。

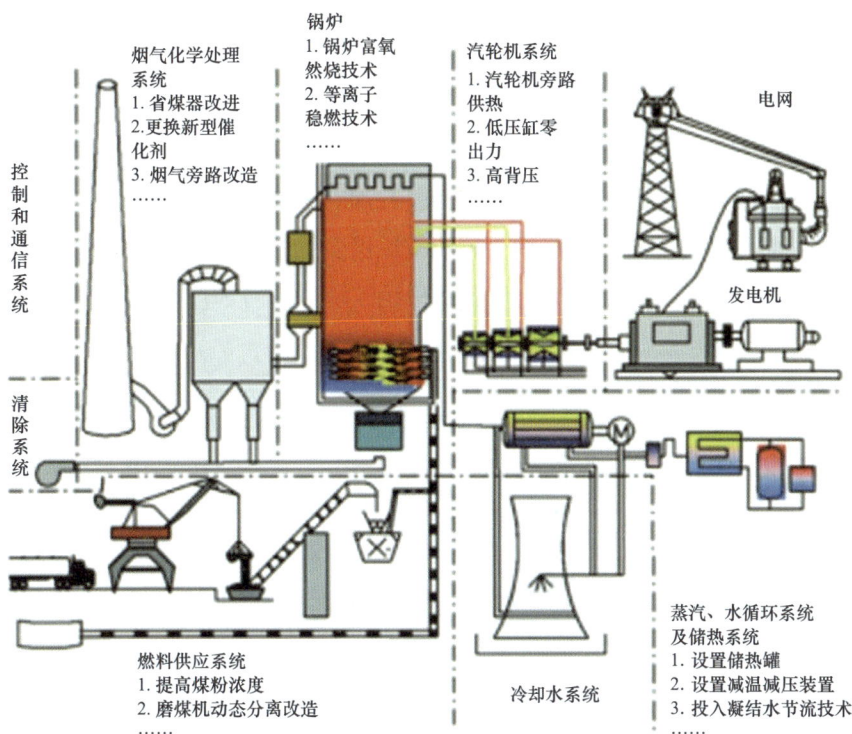

图 3-5　火电厂灵活性改造示意

（2）煤电节能降碳改造技术。

技术成熟度方面，不同类型机组实现认定标准的难易度相差较大，相比灵活性改造难度更大。

对于纯凝机组，当前亚临界 30 万千瓦等级机组供电煤耗率达到 311 克 / 千瓦时的比例相对较低，改造工作量相对较大，有技术难度。亚临界 60 万千瓦等级机组在技术水平上与亚临界 30 万千瓦等级机组相似，实现 302 克 / 千瓦时供电煤耗率难度巨大，可选技术方案不多。超临界 60 万千瓦等级机组能耗水平基本在 300 克 / 千瓦时左右，在管理水平良好和设备状态较好的前提下，改造工作量较小。

**技术经济性方面，节能降碳改造投入大、回收期长，不可预期性较大。**

当前，经过多轮改造，投入少、效果好、煤耗率降低多的项目多已改造完成。目前投入多、改造量大、投资回收期长的节能技改项目仅通过节煤获得的收入难以通过技术经济核算，且受煤电利用小时和煤价的不确定影响，节能改造投资回报具有很大的不确定性。以煤电机组烟气超低排放改造成本为例，60 万千瓦级机组改造成本为 30 元 / 兆瓦时。

**应用场景方面**，煤电机组节能降碳改造后能够有效降低供电煤耗水平，提高机组运行经济性，减少碳排放，促进电力行业清洁低碳转型。

以下以碳捕集、利用与封存（CCUS）技术为例，分析 CCUS 当前技术成熟度、经济性以及发展趋势。

**CCUS 技术是中长期煤电减排支撑手段，深刻影响煤电及新型电力系统发展路径，但规模化应用目前仍受到成本、能耗、安全性和可靠性等因素制约。** CCUS 技术是实现深度脱碳的关键技术，是实现煤电等化石能源低碳利用的重要手段。我国已开展 CCUS 相关示范工程，但项目数量较少，缺少大规模、可复制、经济效益明显的集成应用项目。目前规模化应用仍受到诸多限制，成本方面，在现有技术条件下，引入碳捕集后每吨二氧化碳将额外增加 140 ~ 600 元 [20] 的运行成本；能耗方面，企业部署 CCUS 将使一次能耗增加 10% ~ 20%，效率损失较大；安全可靠性方面，目前还未建立针对全流程 CCUS 示范项目的规范制度和标准体系，封存技术存在泄漏的可能，存在潜在环境风险和安全风险。

CCUS 未来的关键技术难点和突破方向主要包括：

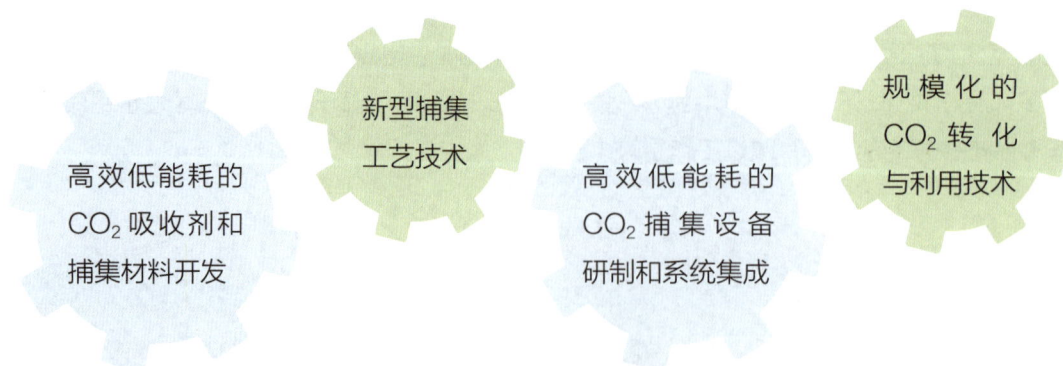

高效低能耗的 $CO_2$ 吸收剂和捕集材料开发　新型捕集工艺技术　高效低能耗的 $CO_2$ 捕集设备研制和系统集成　规模化的 $CO_2$ 转化与利用技术

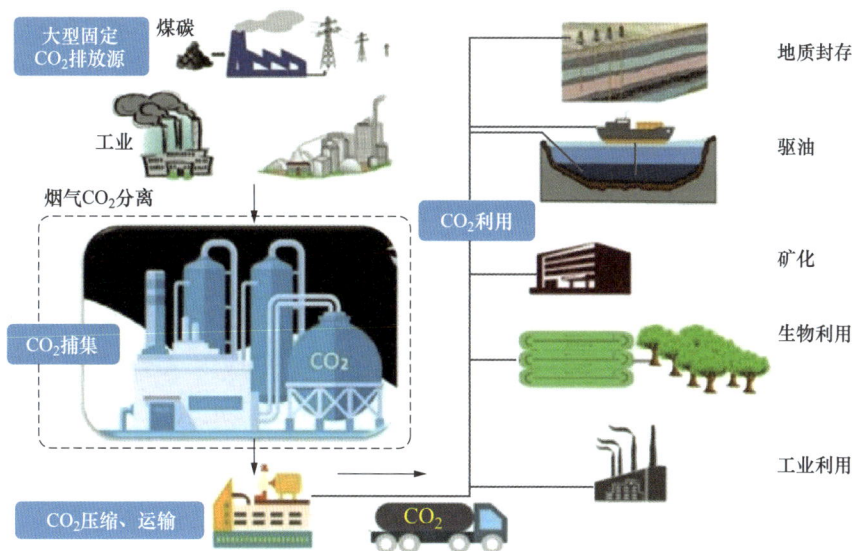

图 3-6　CCUS 技术应用场景

表 3-1　加装 CCUS 成本分析

| 年份 | CCUS 成本（元／吨） | 火电发电量（万亿千瓦时） | 火电排放 CO₂（吨） | 投入成本（万亿元） | 新增度电成本（元） |
|---|---|---|---|---|---|
| 2025 年 | 350 ~ 890 | 6.07 | 54.9 | 1.92 ~ 4.89 | 0.32 ~ 0.81 |
| 2030 年 | 310 ~ 770 | 6.66 | 59.2 | 1.84 ~ 4.56 | 0.28 ~ 0.68 |
| 2060 年 | 140 ~ 410 | 1.06 | 6.9 | 0.10 ~ 0.28 | 0.09 ~ 0.27 |

2023 年 6 月，亚洲最大火电二氧化碳捕集、利用与封存（CCUS）项目——国家能源集团江苏泰州电厂项目正式投产，通过优化大型碳捕集系统与电厂热力系统耦合，解决了大型热力发电厂的碳减排问题，实现二氧化碳捕集率大于 90%，年捕集量 50 万吨，每吨捕集电耗小于 90 千瓦时，每吨捕集能耗小于 2.4 吉焦。

### 3.2.2　新能源发电效率提升和并网主动支撑技术

（1）光伏电池转换效率提升技术。

光伏电池转换效率的上限受到光吸收以及载流子输运、收集等诸多因素限制。对于单晶硅光伏电池，由于上光子带隙的多余能量透射给下带隙的光子，其转换效率的理论最高值为 28% 左右。2022 年 10 月，国家发展改革委、国家能源局印发《关于促进光伏产业链健康发展有关事项的通知》，指出要突破高效晶体硅电池、高效钙钛矿电池等低成本产业化技术，推动光伏发电降本增效，促进高质量发展。

### 技术成熟度方面

　　光伏发电技术相对成熟，已形成比较完善的光伏产业链，但在高效率发电新材料、设备及工艺方面与国际先进水平仍存在差距。我国光伏发电技术发展迅猛，已形成包括多晶硅原材料、硅锭 / 硅片、太阳电池 / 组件和光伏系统应用、专用设备制造等比较完善的光伏产业链。我国商业化单晶硅电池效率达到 20% 以上，多晶硅电池效率超过了 18%，在高效率低成本晶体硅电池的生产方面具有优势。硅基薄膜电池在新材料、关键设备和工艺水平等方面，与国外还有很大差距。

### 技术经济性方面

　　**目前随着硅材料产能释放，光伏电池组件成本下降明显。**在 2021 年开始的新一轮扩产周期中，由于上游原料紧缺压力，电池片环节扩产规模相对较小，使得 2022 年以来大尺寸电池供应阶段性偏紧，光伏电池成本上升。2022 年第四季度以来，硅料价格因产能逐渐释放已步入下行轨道，硅片价格随之下降，上游原材料价格水平更趋合理，光伏组件成本大幅回落，2023 年第一季度，光伏一体化组件（含硅料）企业制造成本下降 10%，达到 0.34 元 / 瓦。

### 应用场景方面

　　推动高效率低成本晶体硅电池规模化应用，可以进一步提高晶硅电池转换效率，推动高效新技术广泛应用，提升光伏发电系统单位面积发电能力。2023 年 5 月，隆基绿能在《Nature Energy》上发布最新晶硅异质结电池创新技术成果，指出通过改进"纳米晶硅空穴接触层"优化了光伏电池的设计，该新型电池所需材料 95% 与当前已有的晶硅电池相同，但其效率更高，达到 26.81%。

　　（2）新能源"构网"主动支撑技术。

　　常规新能源机组在电力系统发生大扰动时易发生连锁脱网，导致系统频率电压振荡，严重时引发大规模停电。新能源主动支撑能力能够主动地提供并网频率和电压支撑，有利于新能源系统安全运行。

**技术成熟度方面**

　　新能源主动支撑技术目前已在部分场站应用，提升了新能源发电并网电压、频率、**稳定支撑能力**。新能源主动支撑技术发展较快，如虚拟同步机、自同步电压源、构网型技术等应运而生。目前，已研发了具有自主知识产权的新能源功率预测与优化调度系统、新能源生产运行模拟仿真分析软件。研制了可再生能源故障穿越、电网适应性、主动调频等并网试验核心装备，新能源并网性能大幅提高。

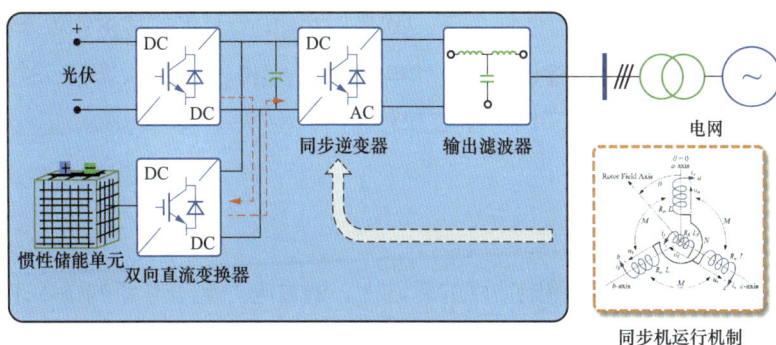

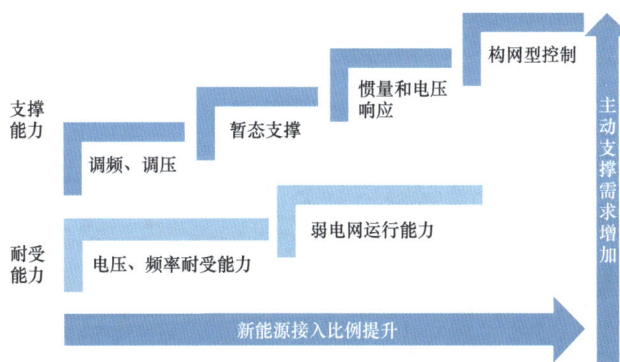

图 3-7　新能源主动支撑技术需求

**技术经济性方面**

　　**综合来看，应用虚拟同步机技术成本并不高。** 风电场虚拟同步机改造成本为100 元 / 千瓦，新建风电场标配虚拟同步机基本不增加成本。光伏电站虚拟同步机改造成本为 600 元 / 千瓦，新建光伏电站标配虚拟同步机增加成本 200 元 / 千瓦。集中式虚拟同步机成本为 220 元 / 千瓦，且随着储能价格下降，造价将持续降低。

现有新能源电站已具备接受 AGC/AVC 统一调度的能力,通过应用主动支撑技术,可以提供惯量支撑、一次调频、主动调压、阻尼能力支撑。2023 年 4 月,新疆电网完成构网型风电场接入大电网全电磁暂态仿真测试,该构网型设备具备并网和单独运行方式灵活切换、自主提供惯量支持、提供电网电压支撑、新能系统阻尼可控、虚拟阻抗可调节谐波等特性。2022 年 3 月,湖北广水"宝林电站构网型光伏""英姿寨风电场构网型风机"实现多机并联及电压源带电试运行 1 个月,实现无储能支撑新能源电压源机组运行。2022 年 3 月,国网山东省电力公司完成济宁汶上南坝华电光伏电站主动快速支撑能力建设,该光伏电站具有惯量响应、一次调频、快速调压三大主动快速支撑功,响应时间均在 500 毫秒左右。

### 3.2.3　柔性直流输电技术

柔性直流输电技术是在传统输电技术的基础上,通过电力电子等新的技术来提升输送能力和效率,实现高效、智能、环保的电能传输,也是保证大规模新能源在大范围内高效汇集、灵活传递及分散消纳的重要手段,是支撑构建新型电力系统的核心技术之一。

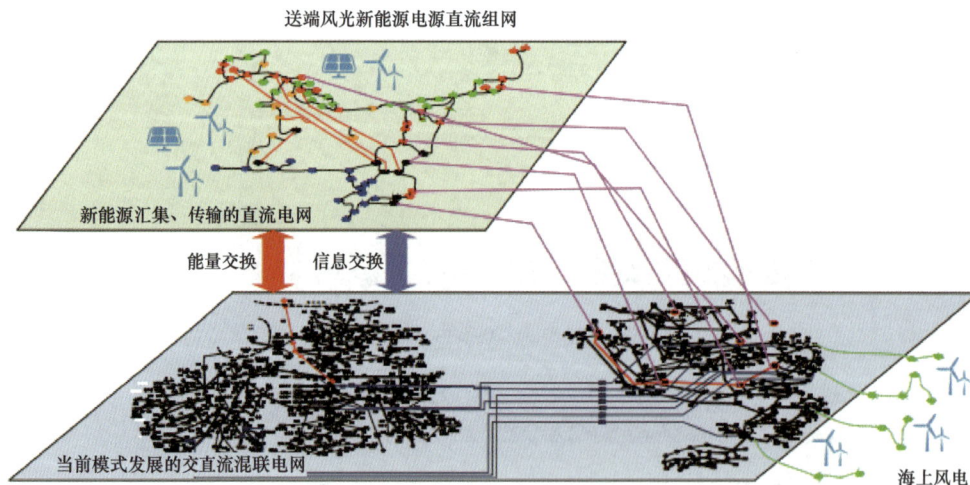

图 3-8　新能源源端汇集接入组网并经直流电网送出示意图

### 技术经济性方面

　　**随着柔性直流输电技术应用规模增加，技术经济性进一步提升，但相比常规直流输电技术成本仍较高。**柔性直流输电核心装备换流阀的成本投资由 2013 年的约 1500 元 / 千瓦下降至 2022 年的约 450 元 / 千瓦[21]，下降幅度达到了 70%。柔性直流技术整体成本较初期大幅下降，但相较常规直流仍高出 20% 左右。

### 技术成熟度方面

　　**柔性直流输电技术日趋成熟，技术优势已初步显现。**柔性直流输电技术已具有广泛的示范应用，我国投运的柔性直流输电工程有 11 项，电压等级最高达到 ±800 千伏，输送容量 5000 兆瓦，均为世界最高水平。我国还结合电网需求和运行特点，发展出常规直流与柔性直流混合联接的直流输电技术。柔性直流具有无换相失败、有功无功解耦控制、短路电流可控等优越性，是解决多直流馈入电网稳定问题的重要技术手段，目前技术已较为成熟。柔性输电逐渐向着多端化和网络化方向发展，可实现多电源供电、多落点受电，为多种形式大规模清洁能源发电的广域互联和送出消纳提供高效传输平台。

### 应用场景方面

　　**柔性直流输电技术应用广泛，但是受限于有限的经济性，仍主要应用于对输电要求较苛刻的特殊场景。**柔性直流输电技术克服了传统直流输电容易连续换相失败的问题，具有更高水平的抗干扰能力，尤其可提升海岛供电、新能源送出等对电网要求较为苛刻的场景，目前已投运项目主要应用于新能源并网、电网柔性互联、远距离输电、城市高密度负荷中心供电等主要场景。

　　**柔性直流技术为新能源远距离接入消纳提供有益技术方案。**柔性直流输电为沙戈荒新能源、远海风电的远距离传输并网提供了技术方案，可实现新能源发电的无源并网（无同步电源支撑），不存在换相失败问题，在实现大规模新能源多点汇集和送出方面具有明显优势。新能源基地普遍缺少同步电源支撑，现阶段大量采用"风光火"打捆形式开发，若能突破全新能源输送的多端特高压柔性直流输电技术，有助于实现更高比例的新能源接入。张北柔性电网将新能源基地、丰宁储能基地与北京负荷中心相联，每年向北京输送约 140 亿千瓦时清洁能源。

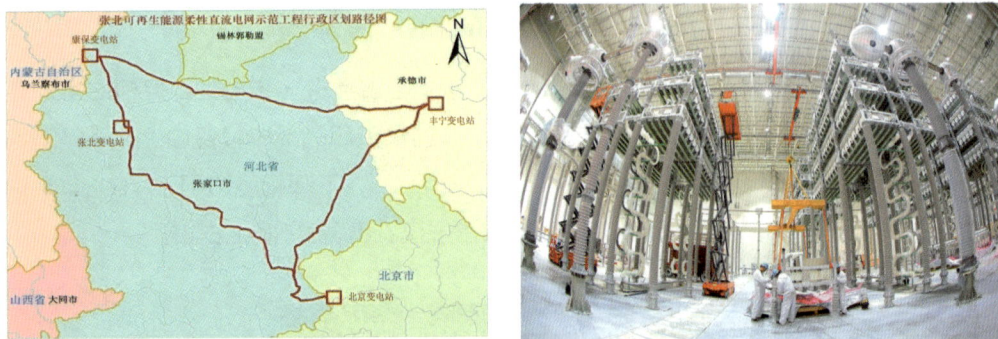

图 3-9　张北柔性直流电网示范工程及柔性直流输电装备

### 3.2.4　智慧配用电技术

新型电力系统建设背景下，智慧配用电技术将更加智能化、灵活化和协同化。一方面，分布式能源和微电网处于快速发展阶段，分布式微网成为大电网的重要互补项，电动汽车、新型负荷、储能等新型分布式产销一体化资源，将随着互动水平、控制能力、协同机制的不断进步，更好地融入电网调控运行体系。另一方面，随着多传感、大数据、智能管控等数智化技术的广泛应用，实现能源实体与现代信息技术的融合，优化能源生产、输送和使用，可以实现对分布式能源资源的高效管理和综合利用，提高电力系统的可靠性、可持续性和经济性。

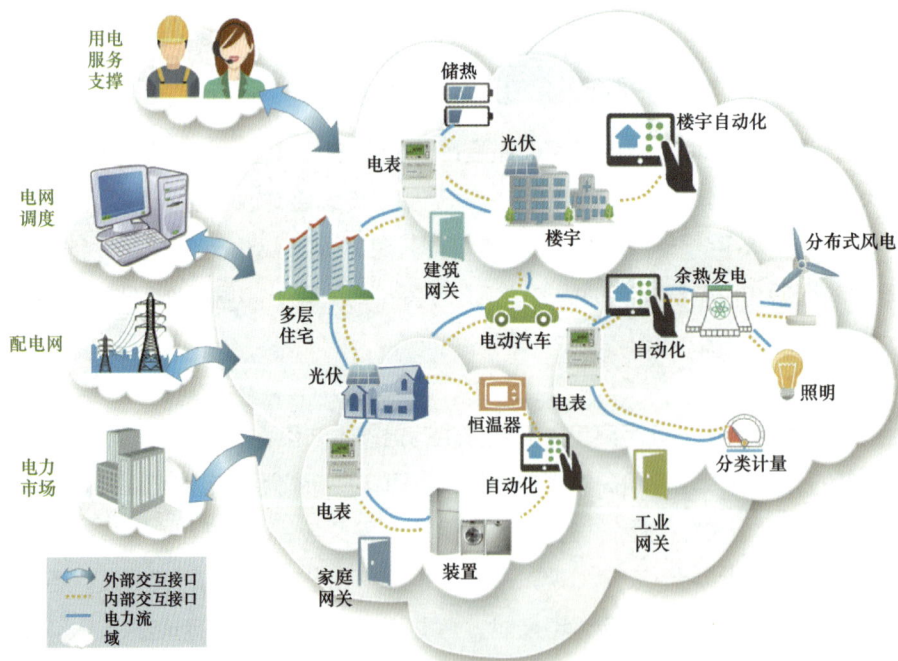

图 3-10　智慧配用电技术示意

（1）微电网。

我国从 2008 年开始对微电网开展了系统性研究，主要致力于解决分布式可再生能源的就地消纳和利用问题。

### 技术成熟度方面

**微电网相关技术已相对成熟。**经过多年技术攻关，我国在微电网规划设计、能量管理、协调控制与保护等方面的关键技术已趋于成熟。现阶段，微电网多为示范项目，方案定制化程度高，相关技术的成熟度、稳定性和"含金量"需要进一步提升。

### 技术经济性方面

**微电网可以降低能源消费和运输成本，但初期建设成本较高。**微电网可以将能源产生和供应集中在局部区域内并进行就近消纳，一定程度上可以减少输电损耗和能源运输的成本。建设微电网先期投资大，分布式电源发电具有不确定性，所以微电网的收益受地点、环境、天气等影响很大。此外，作为微电网的重要组成部分，储能的经济性有待进一步提高。根据目前部分示范工程建设经验，微电网的单位千瓦投资约为 1.2 万～ 2 万元，其中约 80% 为初始投资，而初始投资的 85% 以上又为电源和储能设备。

### 应用场景方面

**微电网主要用于居民户用、村镇社区、商企建筑、工业园区、偏远地区等场景供电。**2023 年 1 月，内蒙古额济纳旗"源网荷储"微电网示范项目完成建设，初步实现并网供电，进入联调联试阶段。该项目新建储能电站 1 座，包括 25 兆瓦 /25 兆瓦时磷酸铁锂储能系统、7.2 兆瓦柴油发电机以及源网荷储控制管理系统等。该项目具备独立运行能力，建成后可与 10 千伏电网双回并联运行，实现风光柴储联合运行，既能并网又能离网运行，形成电网之间的互相备用，有助于解决偏远地区电网供电可靠性低的问题，促进分布式新能源、微电网和大电网融合发展。

总体而言，微电网具有接纳清洁能源、调节能力强的特点，能够与大电网兼容互补，是新型电力系统中电网形态的重要组成部分。在大电网发生扰动时能够快速响应电网安全稳定控制的需要，在紧急情况下可作为地区应急电源，为地区电网提供必要支持。

（2）新型负荷控制技术。

**技术成熟度方面**

需要进一步挖掘利用客户侧资源的可调节能力及潜在的商业模式，促进推广应用。新型负荷控制技术主要包含新型电力负荷管理系统典型场景下的灵活组网技术、实时控制仿真推演技术、在环测试技术三个方面。

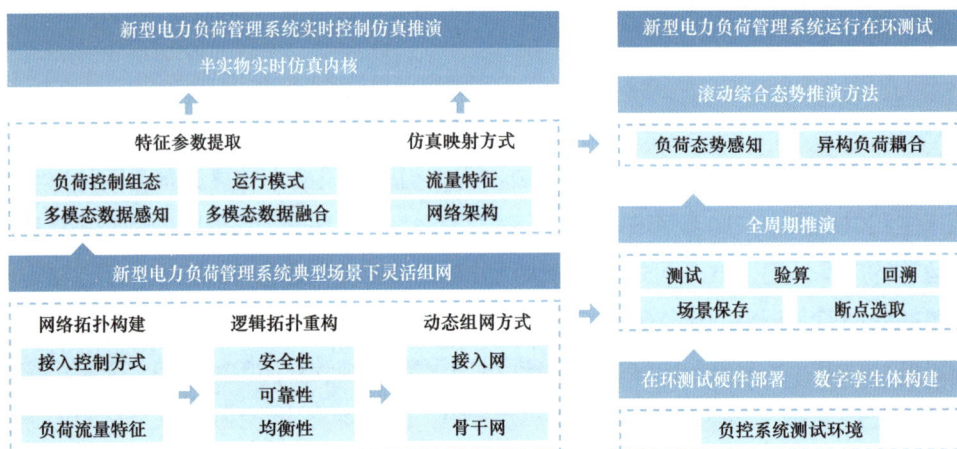

图 3-11　新型负荷控制的关键技术解析

**应用场景方面**

新型负荷控制技术可支撑电网削峰填谷、新能源消纳和辅助服务等多种场景，具有调节灵活、方式多样等特点。在新型电力系统建设过程中，我国各省陆续开展了新型负荷管理控制的实践工作。国网浙江省电力有限公司深化"一键式"需求响应，大力推进日前需求响应资源池建设工作，当出现供电缺口时，远程实现资源池快速分批调用，完成负荷压降。国网湖南省电力有限公司在新型电力负荷管理系统中引入了中央空调集中控制系统，推进高耗能企业竞价交易，确保迎峰度夏工作顺利开展。2023 年 7 月，南方电网公司上线新型负荷管理系统，形成百万千瓦级电力负荷"资源池"，以广东为例，该系统全面覆盖 10 千伏及以上专变用户，其中，各类可调节负荷资源约 18 万户，接入可控负荷用户超过 4200 户，负荷控制能力超过 600 万千瓦。

应用场景方面

新型负荷控制技术是实现安全保供的技术基础之一，精准调配新型负荷参与"削峰填谷"是关键，需要在新型电力系统构建过程中保证备用冗余通道，支撑重点调控负荷业务快速交互，确保多个控制回路提供控制冗余保障能力，提高对规模化需求侧资源控制能力。

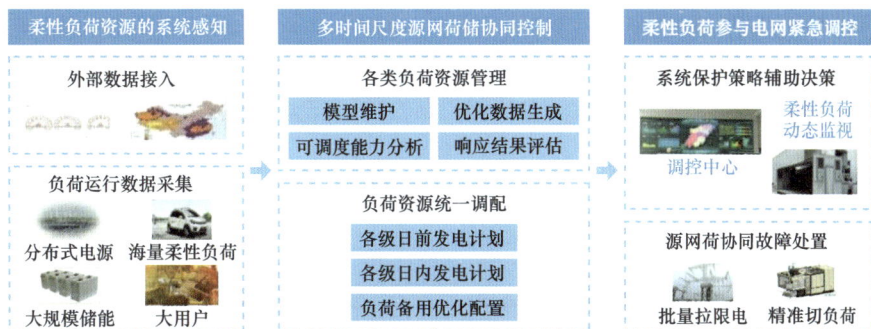

图 3-12　多层次负荷调节功能挖掘与应用示意

## 3.2.5　储能技术

多时间尺度储能规模化应用、多种类型储能协同运行，可以缓解新能源发电特性与负荷特性不匹配导致的短时、长时平衡调节压力，提升系统调节能力。传统电力系统的储能主要配置在一次能源环节，如煤场、油库、天然气储罐等。新型电力系统的储能设施将主要配置在二次能源环节，如储电设施、储热设施、储氢设施等。

技术成熟度方面

抽水蓄能是最安全可靠、最适用储能方式，电化学储能由于电池热失控和电池管理系统短板，安全问题仍未根本解决，处于多技术路线攻关、比选阶段。

表 3-2　多类型储能技术特征

| 技术类型 | 存储时长 | 效率(%) | 响应时间 | 服役年限或充放次数 | 功率密度（瓦／千克） | 能量密度 |
|---|---|---|---|---|---|---|
| 抽水蓄能 | 4～10小时 | 70～80 | 分钟级 | 30～40年 | — | 0.5～1.5 瓦时／千克 |
| 先进压缩空气储能 | 4～20小时 | 40～65 | 分钟级 | 30～50年 | — | 3～6 瓦时／升 |
| 飞轮储能 | 15秒～15分钟 | >85 | 毫秒级 | 20～25年 | 2000～4000 | 1～5 瓦时／千克 |
| 磷酸铁锂电池 | 1分钟～6小时 | 85～90 | 毫秒级 | 6000～10000次 | 200～300 | 150～250 瓦时／千克 |
| 全钒液流电池 | 6～20小时 | 70～75 | 毫秒级 | 10000次 | 10～30 | 15～20 瓦时／千克 |
| 全钒液流电池 | 6～20小时 | 70～75 | 毫秒级 | 10000～15000次 | 10～30 | 15～20 瓦时／千克 |

**技术经济性方面**

　　新型储能经济性提升，发展速度加快，逐步成为重要的储能方式之一。电化学储能成本有望在 2040 年前后降至 0.24 元／千瓦时，与抽水蓄能持平。随着开发难度增加，新增抽水蓄能电站造价将小幅上涨，初步预计 2040 年将达到 6700 元／千瓦，成本上涨至 0.23 元／千瓦时。而锂离子电池等电化学储能成本持续下降，2040年比 2022 年下降约 65%，达到 0.24 元／千瓦时（储能时长为 2～4 小时），基本上与抽水蓄能持平，将进入快速发展轨道。2060 年，电化学储能成本降至 0.16元／千瓦时，低于抽水蓄能；压缩空气储能（时长 6～10 小时）成本降至 0.29元／千瓦时，逐步接近抽水蓄能。随着技术进步，预计 2030 年，可再生能源供氢成本降至 30 元／千克，是 2022 年绿氢成本的一半，与当前灰氢成本持平。

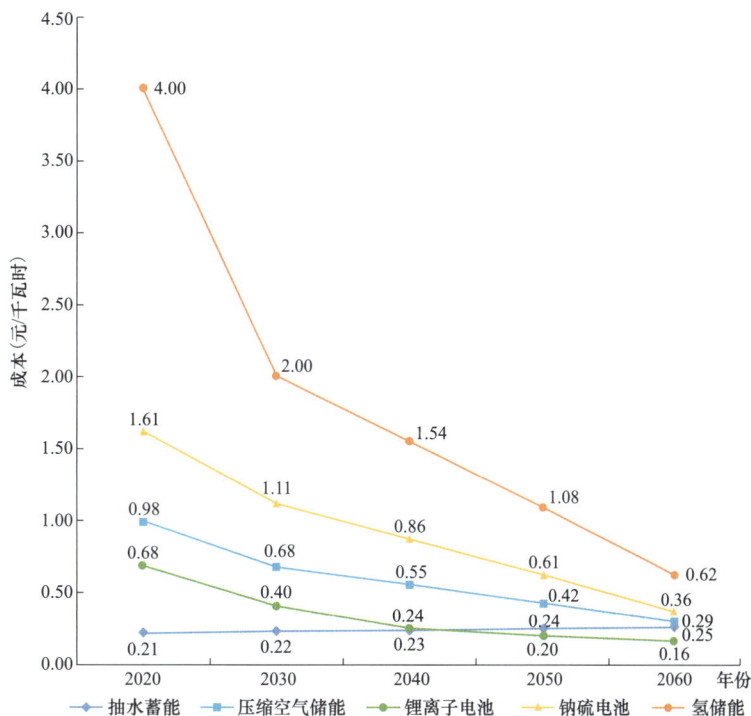

图 3-13　典型储能技术的成本变化趋势

## 应用场景方面

　　储能可提供调峰、调频、备用、转动惯量、爬坡、稳定切负荷等多种调节能力，抽水蓄能近中期是最主要的规模化储能方式，需多措并举加快发展，新型储能应用场景更加丰富，源网荷侧因地制宜多元布局。利用流域水电站梯级水库做上、下库，增加可逆式机组，改造或新建混合式抽水蓄能电站，调节时长可达到周及以上，且初投资成本仅为常规抽水蓄能的一半，综合效益优势显著。发挥中小型抽水蓄能（装机容量一般小于 30 万千瓦）站点资源丰富、布局灵活等优势，在分布式电源高比例接入、系统调节需求大的地区，开发建设中小型抽水蓄能电站，满足局部电网的调峰需求。新型储能持续优化建设布局，促进与电力系统各环节融合发展。电源侧，新型储能与新能源、常规电源协同优化运行，充分挖掘常规电源储能潜力，提高系统调节能力和容量支撑能力；电网侧，新型储能着力提升电力安全保障水平和系统综合效率；负荷侧，新型储能灵活多样发展，进一步拓展应用领域和应用模式。

　　**高比例新能源连续出力波动导致电力供应紧张、消纳困难，长时段储能技术需求增加。**根据技术特点和降本情况，长时储能技术可分为机械储能、储热（熔岩储热）和化学储能三大主线。长时储能可凭借长周期、大容量特性，在更长时间维度上调节新能源发电波动，在清洁能源过剩时避免电网拥堵，负荷高峰时增加清洁能源消纳。比如光热电站具备大容量低成本的储能特性，单位热能存储成本 80 ～ 100 元 / 千瓦时，按汽轮机平均热电效率折算到电能，大致相当于存储一度电成本 250 元。同时光热电站依靠汽轮机发电，为电力系统提供转动惯量。

### "光（热）储"多能互补一体化绿电示范

　　2023 年 5 月，新疆哈密"光（热）储"多能互补一体化绿电示范项目开工建设，项目规划装机容量 1500 兆瓦，其中，光伏 1350 兆瓦、储热型光热 150 兆瓦（储热时长 8 小时），按照"光热 + 光伏"一体化模式开发建设。该项目将延续电网系统调峰功能，采用储热型光热建设方案，光热电站通过启停调峰与降出力运行方式调节在不同时段的出力，使光伏出力曲线平滑。同时，通过电加热装置能够进一步发挥光热电站调节特性，接收电网系统的弃风、弃光电量，在负荷高峰时再发电利用，提高新能源的顶峰能力。

### 氢储能调峰电站新型储能示范

　　2023 年 9 月，新疆克拉玛依氢储能调峰电站新型储能示范项目启动。该项目通过 400 兆瓦光伏电解水制氢，将可再生能源转换为氢气存储，在电力供应紧张时通过氢燃料电池发电，可提供 21 兆瓦 ×12 小时的共享储能及辅助服务容量。该项目计划 2024 年 8 月投产，建成后有望成为全国首个商业化运营的氢储能电站。

图 3-14　克拉玛依氢储能调峰电站

### 3.2.6 数字化技术

在构建新型电力系统过程中，数字化成为电力系统基础，以数字化为核心特征、以数据为关键生产要素、以数字技术为驱动力，赋能电力系统。当前，以人工智能、云计算、5G、物联网、大数据为代表的新一代信息技术，与电能的绿色生产、安全传输与高效应用实现有机融合。数字化技术的深度融合应用将有力推动电网运行模式转变，即，将由传统单向计划调度、实时平衡模式向"源 - 网 - 荷 - 储"多元互动的大电网和微网智能协同调控、非完全实时平衡模式转变，从而适应新型电力系统下新能源规模化接入并替代化石能源。

（1）人工智能。

**技术成熟度方面**

AI 已在发电、输电、变电、配电、用电和电力调度等多个环节得到初步应用，体现了 AI 技术在智能电网中的多元化应用方向。但在电力系统中的应用仍面临一些问题和挑战：

**一是基础设施建设有待完善。** AI 技术的应用离不开大量数据样本、高级计算能力和分布式通信协议，相关大数据、云计算、分布式合作平台等基础设施资源的建设是进一步利用 AI 技术的前提。

**二是数据管理和对隐私安全的保护有待加强。** 人工智能对网络安全而言是一把双刃剑，既可以成为阻断网络攻击的盾牌，又可能成为黑客手中助纣为虐的武器。AI 技术在应用到智能电网上时必须展开深入且全面的安全保障研究，作出相应的风险评估，保障电网运行的稳定与安全。

**三是可靠性有待提升。** 主流 AI 技术一般采用"黑匣子"方法，其精度高，但有时会犯一些人眼一眼便能看出的低级错误，而在电力系统的很多场景中对可靠性要求是极高的，这也是 AI 广泛应用于智能电网需要解决的问题。

### 应用场景方面

人工智能技术将在电力系统的各个领域发挥重要作用。通过机器学习、深度学习和自然语言处理等技术，可以实现电力系统的智能化运行和管理。在新型电力系统的应用场景包括新能源出力及负荷预测、故障诊断与预防、能源调度优化、智能电力市场等。2023年9月，南方电网发布电力行业人工智能平台、电力大模型，其中，人工智能平台集成华为等企业国产算力资源，可面向内外部用户提供训练、微调、部署等服务，是算法模型的训练工厂；电力大模型主要吸收电力行业基础知识、电力业务制度规范、电力行业研究报告等参数量达百亿数据，具备电力系统内多专业领域工程师的知识、经验，以及操作指挥作业智能辅助与安全风险管控协作等能力。

人工智能作为数字化转型的高级阶段，与电网业务的深度融合以及规模化应用，将有效提高电力系统的运行质效。

（2）大数据。

### 技术成熟度方面

电力系统生成大量的数据，包括电力负荷数据、设备状态数据、能源市场数据等。利用大数据技术，可以对这些数据进行存储、处理和分析，为电力系统的运行和决策提供支持。

### 应用场景方面

包括负荷管理和预测、设备状态监测和维护、能源市场分析等，同时辨识高耗能、高排放、低水平等负面项目，充分发挥电力数据价值，拓展电力数据增值服务。2022年8月，国网能源大数据应用支撑平台投产，基于国网公司云和数据中台相关软硬件资源能力，支撑数据快捷获取、模型算法复用、分析服务共享、数据安全可靠、对外服务等一站式能源数字开发服务。可以有效支撑大数据应用和数据增值服务，提供全面的能源、碳数据服务，充分挖掘电力大数据的潜在价值。

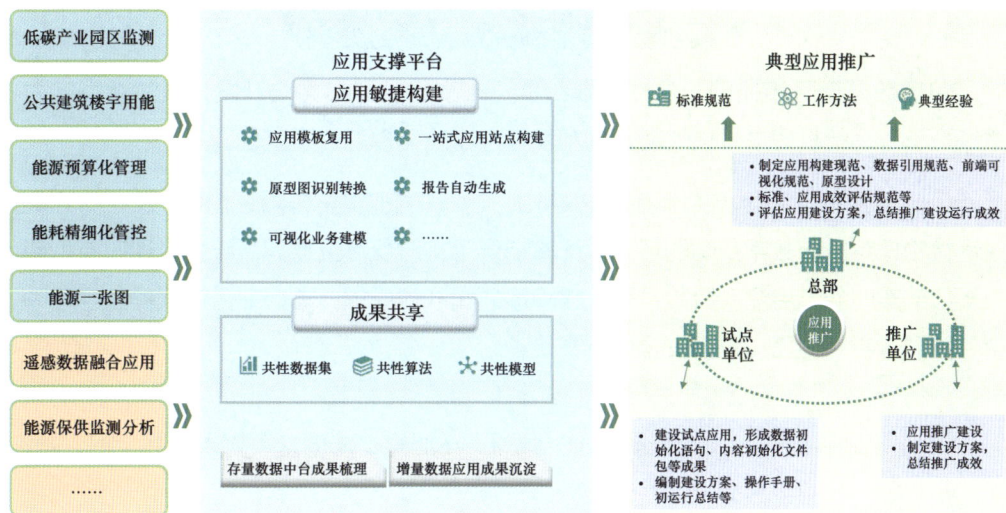

图 3-15 能源大数据应用支撑平台功能示意

新型电力系统具有高维异构拓扑特性、复杂随机非线性动态特性及海量多源大数据特性，需要借助大数据技术进一步提升电网感知学习能力，构建系统主动防御体系。

（3）云计算。

技术成熟度方面

云计算技术为电力系统提供了强大的计算和存储能力。电力系统可以利用云计算平台进行资源共享和弹性扩展，提高计算效率和灵活性。云计算还可以支持大规模数据的处理和分析，促进电力系统的智能化和数字化转型。

图 3-16 云计算技术应用

> **应用场景方面**
>
> 包括数据存储和处理、弹性扩展和资源共享、模型和算法开发，是对新型电力系统形态、运行机理进行高性能、高精度数字孪生建模的必要基础。
>
> 云计算是加强新型电力系统形态感知、运行控制的高效建模基础，云计算环境是连接物理系统和数字空间的桥梁，计算结果可实时反馈至物理系统，实现对新型电力系统的实时状态监测、风险预警、故障诊断和联动反馈，提供业务过程的数字化映射和实时分析、仿真，提高安全运行水平。

（本节撰写人：张琛、王旭斌、朱瑞　审核人：韩新阳、张钧）

# 3.3　颠覆性技术创新突破

随着新型电力系统加快构建，技术创新已进入"无人区"，颠覆性技术是突破高比例新能源大规模汇集和友好并网等瓶颈问题的关键。**超导传输、可控核聚变发电等潜在颠覆性技术的突破和应用将带来能源传输效率的提高、清洁能源供应的增加、系统规划和设计的变革，推进能源安全和可持续发展，为新型电力系统建设注入极大动力。**

**（1）超导传输技术。**

超导技术是指利用超导体的零电阻和高电流密度特性，实现高效、低损、环保的电力传输、分配和存储的技术，要实现其进一步发展和应用，需要破除温度、气压的限制。2015 年以来，以多元氢化物为主要材料的近常压室温超导材料不断发展，2023 年 3 月，美国学者迪亚斯发展镥氮氢化合物在 1 万个大气压、21 摄氏度下，可实现超导电性，这一发现为电力传输系统取得颠覆性突破提供了条件。2023 年 7 月，韩国量子能源研究中心、高丽大学等团队宣称发现世界首个室温常压超导体 LK-99。2023 年 8 月，美国劳伦斯伯克利实验室证实了室温超导体 LK-99 的实验结果，华中科技大学材料学院首次验证合成可以磁悬浮的 LK-99，俄罗斯科学家宣布成功制备出具备室温抗磁性的 LK-99。但是，目前只有部分团队验证了 LK-99 的抗磁性，暂未见到其具有零电阻特性的报道，复现工作尚不足以认定 LK-99 是常压室温超导材料。

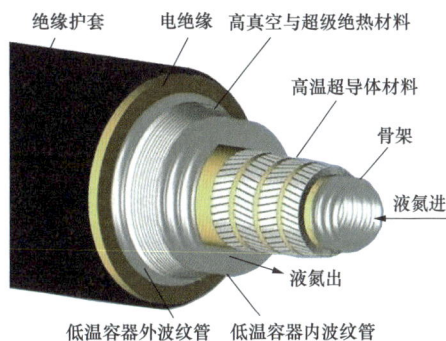

图 3-17　超导电缆

　　2021 年 12 月 22 日，全球首条超公里级高温超导电缆商业化示范段在上海徐家汇投运。该工程以规模化、实用化、国产化为原则，建设了 1 回 35 千伏超导电缆线路，替代原有 4 回共计 12 根 35 千伏常规电缆[22]，超导电缆设计载流量 2200 安培、长度 1.2 公里。截至 2023 年 8 月，该示范工程累计为上海市徐汇商业核心区 4.9 万户用户供电近 3 亿千瓦时，并积累了大量超导电缆运行关键参数，为相关技术在新型电力系统中的广泛应用打下坚实基础。

图 3-18　上海徐家汇超导电缆示范工程

　　**超导传输技术具有高效、高容量和低损耗的特点，有望提高电力输送的效率和可靠性。**超导传输技术能够支撑新型电力系统的高效、灵活构建。

**一是**

能够减少能源损耗，提高电力系统的能源利用效率。

**二是**

提高输电容量，减少对新的输电线路建设的需求。

**三是**

优化电力系统布局，可以更好地适应可再生能源的集中和分散发电。

**室温超导体技术的成熟与应用将改变新型电力系统的电能传输格局。**由于超导体能承载比普通的导体高很多数量级的电流密度，尤其是室温超导传输技术的不断成熟和应用，将极大地提升输电效率，并且具有更长的使用寿命和更小的占地面积。因此，使用超导电缆输送电力可以达到单路几百万千瓦的输送功率，可以替代 4～6 条相同电压等级传统电缆，较以往可节省 70% 的地下管廊空间，超导电缆非常适用于将大容量电能直接输送到寸土寸金的城市中心区域。

超导输电技术可以在特定环境和特殊地域条件下，为传统输电技术无法实现的场合提供电力（能源）输送，具体如下：

● 在现有输电网升级改造中用以取代部分受空间、容量等限制的常规电缆，解决大城市、高负荷密度地区供电的技术难题。

● 山口、峡谷等输电走廊受限区域的电力输送。

● 电力／燃料多种能源混合输运的新模式。

**（2）可控核聚变技术。**

**核聚变可能成为未来的能量来源。**氘作为核聚变原料，按世界消耗能量计算，仅海水中氘的聚变能就可用几百亿年，核聚变反应过程中不会产生有害或温室气体，核聚变产生的能源被认为是清洁且无限的终极能源，当前技术难点在于实现可控核聚变。可控核聚变实现的条件是，燃料的离子温度（EAST 实现可重复的 1.2 亿摄氏度 101 秒）、等离子体密度（HL-2M 等离子体电流突破 1 兆安培，装置设计能力 2.5 兆安培）和能量约束时间三者的乘积要达到一定的水平[23]。目前，可控核聚变反应的能量转化效率偏低，核能利用装置为了兼顾经济性和安全性，反应堆内的压力和温度一般较低，导致能量转化效率偏低。

图 3-19　可控核聚变技术

**可控核聚变技术可支撑新型电力系统能源供应的充足性、清洁性和稳定性。**

**一是**提供几乎无限的清洁能源，消除对传统能源资源的依赖；**二是**减少温室气体排放，能够帮助减缓气候变化并改善环境；**三是**提供可靠的基础负荷供应，提高电力系统的稳定性和可靠性。法国是国际热核实验反应堆（ITER）所在地，正在与 35 个国家进行合作，其中包括主要成员中国、美国、欧盟、俄罗斯、印度、日本和韩国。

**可控核聚变的商业化应用将加速新型电力系统向更加绿色、高效、可持续的方向发展，但在 2050 年前商业化应用可能性较小。**托卡马克装置是实现可控核聚变的主流方式，目前，我国已经建成了多个托卡马克装置。可控核聚变技术的能源密度非常高，每克燃料就可以产生大量的能量，远远超过其他任何一种能源。因此，商业化可控核聚变技术，将有效解决能源短缺的问题，为人类提供充足的清洁能源，极大地推动新型电力系统的发展，使其更加安全、可靠、高效。

**（3）无线电能传输技术。**

无线电能传输技术（Wireless Power Transfer，WPT）指一种利用电磁场、电磁波在物理空间中的分布或传播特性，采取非导线直接接触的方式，实现电能传递的技术。目前主要有感应耦合、磁共振耦合、微波 / 激光三种方式[24]。**可以用于解决不宜、不易拖带导线场合的供电问题，增加供电方式的灵活性，解决传统用电设备电接触中短路、火花、漏电等问题。**

表 3-3　典型无线电能传输方式技术特征比较

| 方式 | 感应耦合 | 磁共振耦合 | 微波／激光 |
|---|---|---|---|
| 传输功率 | 1 千瓦～ 1 兆瓦 | 10 瓦～ 100 千瓦 | >10 千瓦 |
| 工作频率 | 20 千赫兹～ 300 千赫兹 | 40 千赫兹～ 30 兆赫兹 | >1 吉赫兹 |
| 传输距离 | 0.5 厘米～ 50 厘米 | 30 厘米～ 5 米 | >1 千米 |
| 技术特点 | 效率高、技术成熟，安全性好，但传输距离短 | 效率高、距离适中、安全性较好，适用场景多，但系统设计和控制较难 | 传输距离可达数十公里，但辐射强，损耗大，效率低，需要无阻挡直线传输，系统构建复杂 |

**典型应用场景**

　　包括电动汽车无线充电、输电线路和变电站监测设备取能、物联网中传感网络的无线供电、智能家居和机器人的无线供电、空间太阳能电站。

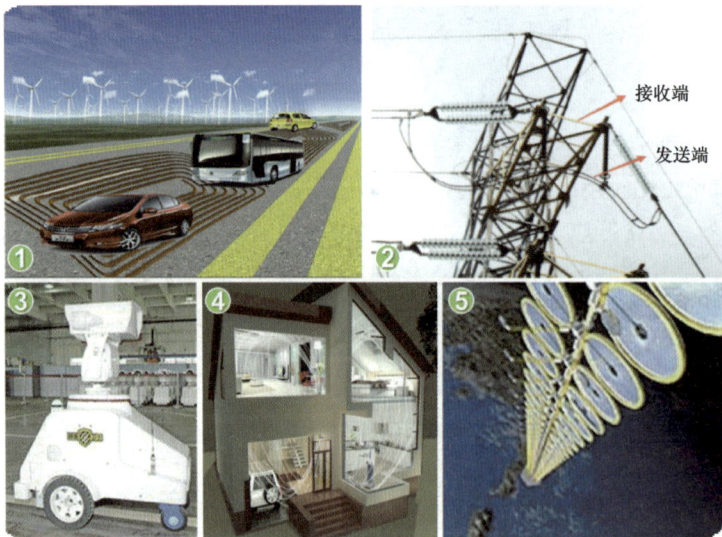

图 3-20　无线电能传输技术应用场景

　　无线电能传输技术近几年发展很快，但目前仍属起步阶段，成本较高，还有很大发展空间，将依托典型应用场景成为传统输电技术的重要补充。

无线电能传输技术近几年发展很快，但目前仍属起步阶段，成本较高，还有很大发展空间

目前无线输电技术应用的主要难点是成本、电磁安全及标准化等问题

特高压输电主要用于大容量远距离的能源外送，而无线电能传输技术主要适用于矿井、水下等不宜拖带电线的场所或孤岛、山间基站等难以架设线缆等特殊环境条件下的输配电、供充电等，不是传统输电的替代技术，而是重要补充方式

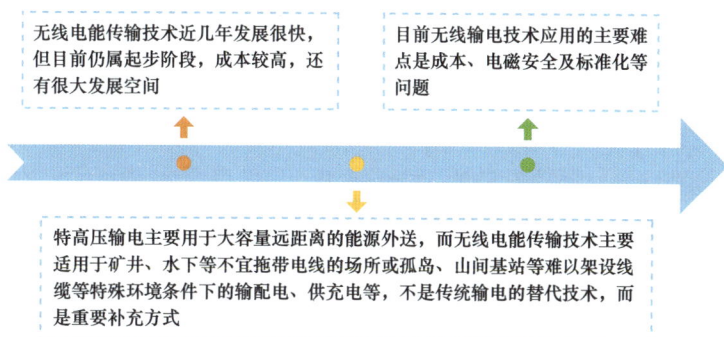

图 3-21　无线电能传输对电力系统未来形态的影响

（本节撰写人：张琛　审核人：韩新阳）

# 3.4　技术创新链协同发展

新型电力系统的技术体系将由以源、网技术创新为主向源、网、荷、储全链条技术创新全面延伸，由单一的能源电力技术向跨行业、跨领域的技术协同转变。

新型电力系统技术创新体系构建更加注重集聚创新资源，建立协同创新网络以及统筹联动的推进模式。

在国家实施创新驱动发展战略的新形势下，新型电力系统科技创新体系需适应发展的新要求、新任务，进一步推进科研体系创新、管理机制创新、研发模式创新，不断释放科研活力，激发内生动力。2022 年 4 月，在国家发展改革委、科学技术部、国务院国资委、国家能源局等政府部门指导下，由国家电网公司发起，发电企业、石油石化企业、装备制造企业、规划设计企业、新能源企业、高等院校、社会团体等 31 家单位携手组建创新联盟，旨在集聚优势科研力量，建立协同创新网络，联合攻克关键共性技术难题，统筹联动推进新型电力系统构建。

> 通过产学研用各类创新主体联合攻关，多方面有力支撑电力系统和电力行业高质量发展。

通过产业链上下游通力合作、分工部署，贯通技术研发、标准互认、成果转化、装备制造的创新链条，带动电工装备持续升级，打造具有世界先进水平的现代产业集群，推动我国能源电力产业链供应链转型升级，提升我国能源电力产业链韧性。能源电力企业尤其是大型央企在创新链条中处于核心位置，通过广泛连接各类型企业、学校及科研机构等，形成闭环创新链条。基础研究部分主要由学校、科研机构主导，更好地发挥原始创新作用，技术攻关主要由企业组成的技术创新联盟或联合体协同推动，成果产业化主要以企业为主体，加强创新成果产业化应用，并对基础研究形成反哺支持。

（本节撰写人：王旭斌　审核人：靳晓凌）

# 4

## 机制创新保障

　　建立健全政策机制，通过"有为政府 + 有效市场 + 有序组织"治理体系，充分发挥市场在资源配置中的决定性作用，更好发挥政府作用，体现企业主体作用，促进多主体协同共治，是构建新型电力系统、推动清洁低碳转型的关键突破口。

　　新型电力系统是一个市场化、法治化相互融合、相互促进的开放系统，需以法治化、市场化治理的原则以及系统思维、底线思维为治理逻辑起点，形成多元主体协同体系，发挥"有为政府 + 有效市场 + 有序组织"的优势，推动各主体和利益相关方之间有效协商，从"定目标，下放执行"的传统线性治理模式，逐渐转向从实践中不断学习修正的动态螺旋升级式治理模式。其中，有为政府主要是发挥统筹协调作用，明确各主体安全保障责任，建立协同共保机制，实现多主体同向发力；有效市场主要是聚焦市场发挥决定性作用，建立支撑基础设施协同互动的电力市场体系，实现以市场利益驱动的多主体高效协作局面；有序组织主要是聚焦企业主体作用发挥，创新企业内部组织管理、企业间竞合模式，推动新型电力系统各利益相关方集思广益、凝聚共识、协同实施。

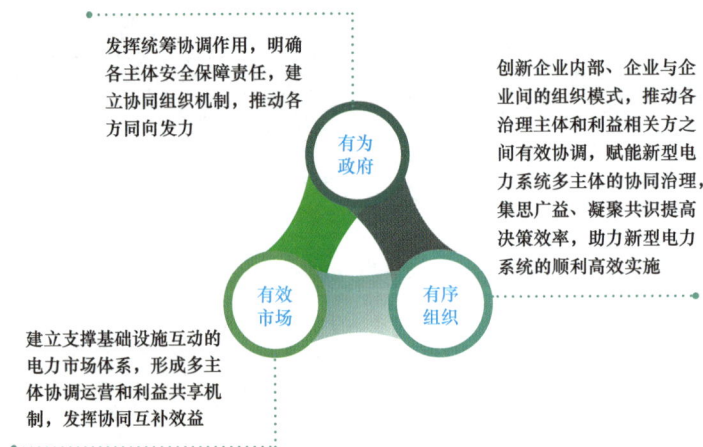

发挥统筹协调作用，明确各主体安全保障责任，建立协同组织机制，推动各方同向发力

创新企业内部、企业与企业间的组织模式，推动各治理主体和利益相关方之间有效协调，赋能新型电力系统多主体的协同治理，集思广益、凝聚共识提高决策效率，助力新型电力系统的顺利高效实施

有为政府

有效市场　　有序组织

建立支撑基础设施互动的电力市场体系，形成多主体协调运营和利益共享机制，发挥协同互补效益

图 4-1　新型电力系统"有为政府 + 有效市场 + 有序组织"体系

# 4.1　电力政策体系

　　新型电力系统初期推进过程中更多依赖政策推动，形成包括法律、行业发展战略规划、

地方推进实施各个层面完善的政策体系，对于有序推进新型电力系统以及提升各主体建设活力具有重要作用。

## 4.1.1 法律类

**在电力行业法律规制下，安全发展是对新型电力系统的重要要求。**

安全发展一直是电力法律保障的根本，尤其进入新发展阶段以来，"安全"的内涵更加丰富，要通过法治保持电力供应持续不中断，有效应对极端情况和应急突发事件带来的冲击，更好地适应新型电力系统建设对电网安全稳定运行的更高要求。

**在电力行业法律规制下，绿色发展是新型电力系统建设应当坚持的重要法治理念。**

《能源法》明确要求电网企业应当加强电网建设，扩大可再生能源配置范围，发展智能电网和储能技术，建立节能低碳电力调度运行制度。电网是绿色低碳能源转换的重要平台，要通过法治推动能源清洁低碳转型，促进源网荷储协调发展和资源高效循环利用。

**在电力行业法律规制下，公平开放是新型电力系统建设的重要遵循。**

《可再生能源法》要求国家扶持在电网未覆盖的地区建设可再生能源独立电力系统，为当地生产和生活提供电力服务。要通过法治规范电网公平无歧视开放、强化行业输配监管、保障各主体权益。电力监管部门与行业主体之间的关系需要厘清，监管部门运用行政委托、行政授权等法定方式，依靠现代化的治理手段，依法审慎监管行权。要正确处理电力监管部门与行业主体之间的关系。

### 在《能源法》方面

2017 年以来，国家发展改革委、国家能源局在报送原国务院法制办《中华人民共和国能源法（送审稿）》修改稿的基础上，进一步形成征求意见稿，并于 2020 年 4 月向社会发布，拟设立的法律制度包括：

- 一是通过战略、规划统筹指导能源开发利用活动，推动能源清洁低碳发展。

- 二是科学推进能源开发和能源基础设施建设，提高能源供应能力。

- 三是以保障人民生活用能需要为导向，健全能源普遍服务机制。

- 四是全面推进科技创新驱动，提升能源标准化水平，加快能源技术进步。

- 五是支持能源体制机制改革，全面推进能源市场化。

- 六是建立能源储备体系，加强应急能力建设，保障能源安全。

- 七是依法加强对能源开发利用的监督管理，健全监管体系，推进能源治理体系和治理能力现代化。

### 在《可再生能源法》方面

面对碳达峰碳中和"先立后破"的迫切要求、与日俱增的能源保供压力以及日趋激烈的新能源产业国际竞争态势，需要加快修订《可再生能源法》，进一步凝聚社会共识，稳定发展预期，推动可再生能源健康有序发展。从当下的进展看，国家能源局已与全国人民代表大会环境与资源保护委员会对接修订《可再生能源法》事宜，将重点考虑进行以下方面研究：一是健全可再生能源电力消纳保障制度。强化可再生能源电力消纳责任体系，明确可再生能源占能源消费比重目标，并通过考核机制确保落实。二是完善可再生能源收购制度。建立电网企业、售电企业和电力用户等市场主体共同承担可再生能源优先收购的责任机制。做好与电力市场规则的衔接。三是支持非电领域可再生能源的应用和推广。建立非电可再生能源公平进入市场机制，引导全社会优先使用可再生能源。

就具体工作而言，2022 年国家能源主管部门进一步加快推进能源法律制度体系建设，推动《能源法》列入《全国人大常委会 2022 年度立法工作计划》中初次审议的法律案，开展修订《可再生能源法》评估论证，推进石油储备条例制定。

2023 年仍进一步加快推进能源立法工作，健全能源高质量发展制度体系，加快推进能源领域立法，加快构建齐备有效的能源法律制度体系，为推进能源绿色低碳转型和保障能源安全提供制度保障，加强保障能源安全的制度建设，全面提高应对能源安全风险的能力。

### 4.1.2　行业发展战略规划类

结合近期国家能源主管部门对电力系统发展的战略、规划，考虑其他行业发展战略规划对电力系统发展的影响，综合分析对电力系统发展的要求。

**整合源网荷储全环节要素，共同保障系统安全和促进新能源消纳利用。**

**电源侧**　发挥煤炭"压舱石"作用，实施可再生能源替代行动，大力发展风能、太阳能、生物质能、海洋能、地热能等，不断提高非化石能源消费比重，加快灵活调节电源建设，推动化石能源清洁低碳高效开发利用。

**电网侧**　创新电网结构形态和运行模式，加快配电网改造升级，推动智能配电网、主动配电网建设，提高配电网接纳新能源和多元化负荷的承载力和灵活性，促进新能源优先就地就近开发利用。

**负荷侧**　整合负荷侧需求响应资源，大力提升电力系统综合调节能力，引导自备电厂、传统高载能工业负荷、工商业可中断负荷、电动汽车充电网络、虚拟电厂等参与系统调节。

**储能侧**　积极发展"新能源 + 储能"、源网荷储一体化和多能互补，支持分布式新能源合理配置储能系统。制定新一轮抽水蓄能电站中长期发展规划，完善促进抽水蓄能发展的政策机制。加快新型储能示范推广应用。

## 加快完善体制机制保障，加快市场引领及政策保障消纳。

**新能源参与
电力市场方面**

构建适应新型电力系统的市场机制，提升电力市场对高比例新能源的适应性。严格落实支持新能源发展的法律法规和政策措施，完善适应高比例新能源的市场机制，有序推动新能源参与电力市场交易，以市场化收益吸引社会资本，促进新能源可持续投资。

**新能源消纳
考核方面**

科学合理设定各省（自治区、直辖市）中长期可再生能源电力消纳责任权重，做好可再生能源电力消纳责任权重制度与新增可再生能源不纳入能源消费总量控制的衔接。建立完善可再生能源电力消纳责任考评指标体系和奖惩机制。

**新型主体参
与市场方面**

针对分布式发电、负荷聚合商、储能和虚拟电厂等新型经营主体，明确市场主体地位，积极推动参与市场交易。

## 加快技术创新布局，推动电力先进技术应用，促进数智化转型升级。

**关　键
技术方面**

引领新能源占比逐渐提高的新型电力系统建设，先进可再生能源发电及综合利用、适应大规模高比例可再生能源友好并网的新一代电网、新型大容量储能、氢能及燃料电池等关键技术装备全面突破，推动电力系统优化配置资源能力进一步提升，提高可再生能源供给保障能力。

**数字化
转型方面**

统筹高比例新能源发展和电力安全稳定运行，加快电力系统数字化升级和新型电力系统建设迭代发展，全面推动新型电力技术应用和运行模式创新。

表 4-1　国家部委电力行业发展相关政策梳理

| 时间 | 发布部门 | 文件 | 政策要点 |
|---|---|---|---|
| 2021 年 7 月 23 日 | 国家发展改革委、国家能源局 | 《关于加快推动新型储能发展的指导意见》 | 以实现碳达峰碳中和为目标，将发展新型储能作为提升能源电力系统调节能力、综合效率和安全保障能力，支撑新型电力系统建设的重要举措，以政策环境为有力保障，以市场机制为根本依托，以技术革新为内生动力，加快构建多轮驱动良好局面，推动储能高质量发展 |
| 2021 年 9 月 22 日 | 中共中央国务院 | 《关于完整准确全面贯彻新发展理念做好碳达峰碳中和工作的意见》 | 积极发展非化石能源。实施可再生能源替代行动，大力发展风能、太阳能、生物质能、海洋能、地热能等，不断提高非化石能源消费比重。坚持集中式与分布式并举，优先推动风能、太阳能就地就近开发利用。因地制宜开发水能。积极安全有序发展核电。合理利用生物质能。加快推进抽水蓄能和新型储能规模化应用。统筹推进氢能"制储输用"全链条发展。构建以新能源为主体的新型电力系统，提高电网对高比例可再生能源的消纳和调控能力 |
| 2021 年 10 月 26 日 | 国务院 | 《2030 年前碳达峰行动方案的通知》 | 大力提升电力系统综合调节能力，加快灵活调节电源建设，引导自备电厂、传统高载能工业负荷、工商业可中断负荷、电动汽车充电网络、虚拟电厂等参与系统调节，建设坚强智能电网，提升电网安全保障水平。积极发展"新能源＋储能"、源网荷储一体化和多能互补，支持分布式新能源合理配置储能系统 |
| 2021 年 11 月 29 日 | 国家能源局科学技术部 | 《"十四五"能源领域科技创新规划》 | 引领新能源占比逐渐提高的新型电力系统建设。先进可再生能源发电及综合利用、适应大规模高比例可再生能源友好并网的新一代电网、新型大容量储能、氢能及燃料电池等关键技术装备全面突破，推动电力系统优化配置资源能力进一步提升 |
| 2021 年 12 月 29 日 | 国家能源局 | 《加快农村能源转型发展助力乡村振兴的实施意见》 | 到 2025 年，建成一批农村能源绿色低碳试点，风电、太阳能、生物质能、地热能等占农村能源的比重持续提升，农村电网保障能力进一步增强，分布式可再生能源发展壮大，绿色低碳新模式新业态得到广泛应用，新能源产业成为农村经济的重要补充和农民增收的重要渠道，绿色、多元的农村能源体系加快形成 |

| 时间 | 发布部门 | 文件 | 政策要点 |
|---|---|---|---|
| 2022 年 1月 29 日 | 国家发展改革委、国家能源局 | 《关于加快建设全国统一电力市场体系的指导意见》 | 构建适应新型电力系统的市场机制提升电力市场对高比例新能源的适应性。严格落实支持新能源发展的法律法规和政策措施，完善适应高比例新能源的市场机制，有序推动新能源参与电力市场交易。建立与新能源特性相适应的中长期电力交易机制，引导新能源签订较长期限的中长期合同。鼓励新能源报量报价参与现货市场，对报价未中标电量不纳入弃风弃光电量考核。在现货市场内推动调峰服务，新能源比例较高的地区可探索引入爬坡等新型辅助服务 |
| 2022 年 1月 30 日 | 国家发展改革委、国家能源局 | 《关于完善能源绿色低碳转型体制机制和政策措施的意见》 | 推动构建以清洁低碳能源为主体的能源供应体系，探索建立送受两端协同为新能源电力输送提供调节的机制，支持新能源电力能建尽建、能并尽并、能发尽发。完善适应可再生能源局域深度利用和广域输送的电网体系。健全适应新型电力系统的市场机制，支持微电网、分布式电源、储能和负荷聚合商等新兴市场主体独立参与电力交易。积极推进分布式发电市场化交易，支持分布式发电与同一配电网内的用户通过电力交易平台就近进行交易 |
| 2022 年 3月 22 日 | 国家发展改革委、国家能源局 | 《"十四五"现代能源体系规划》 | 构建新型电力系统，促进新能源占比逐渐提高，推动煤炭和新能源优化组合。推动电力系统向适应大规模高比例新能源方向演进。以电网为基础平台，增强电力系统资源优化配置能力，提升电网智能化水平，推动电网主动适应大规模集中式新能源和量大面广的分布式能源发展 |
| 2022 年 5月 30 日 | 国家发展改革委、国家能源局 | 《关于促进新时代新能源高质量发展的实施方案》 | 加快构建适应新能源占比逐渐提高的新型电力系统。全面提升电力系统调节能力和灵活性。发展分布式智能电网，推动电网企业加强有源配电网（主动配电网）规划、设计、运行方法研究，加大投资建设改造力度，提高配电网智能化水平，着力提升配电网接入分布式新能源的能力。稳妥推进新能源参与电力市场交易。完善可再生能源电力消纳责任权重制度 |

续表

| 时间 | 发布部门 | 文件 | 政策要点 |
|---|---|---|---|
| 2023 年 4 月 6 日 | 国家能源局 | 《2023 年能源工作指导意见》 | 全面提升电力系统调节能力和灵活性。发展分布式智能电网，推动电网企业加强有源配电网（主动配电网）规划、设计、运行方法研究，加大投资建设改造力度，提高配电网智能化水平，着力提升配电网接入分布式新能源的能力。稳妥推进新能源参与电力市场交易。完善可再生能源电力消纳责任权重制度 |
| 2023 年 5 月 17 日 | 国家发展改革委、国家能源局 | 《关于加快推进充电基础设施建设 更好支持新能源汽车下乡和乡村振兴的实施意见》 | 创新农村地区充电基础设施建设运营维护模式。加强公共充电基础设施布局建设，推进社区充电基础设施建设共享，加大充电网络建设运营支持力度，推广智能有序充电等新模式，提升充电基础设施运维服务体验。支持农村地区购买使用新能源汽车。丰富新能源汽车供应，加快公共领域应用推广，提供多元化购买支持政策 |
| 2023 年 9 月 15 日 | 国家发展改革委、国家能源局 | 《电力现货市场基本规则（试行）》 | 近期以省间、省（自治区、直辖市）/区域市场"统一市场、协同运行"起步；逐步推动省间、省（自治区、直辖市）/区域市场融合。加强中长期市场与现货市场的衔接。做好调频、备用等辅助服务市场与现货市场的衔接，加强现货市场与调峰辅助服务市场融合，推动现货市场与辅助服务市场联合出清。稳妥有序推动新能源参与电力市场，设计适应新能源特性的市场机制，与新能源保障性政策做好衔接；推动分布式发电、负荷聚合商、储能和虚拟电厂等新型经营主体参与交易 |
| 2023 年 9 月 27 日 | 国家发展改革委 | 《电力需求侧管理办法（2023 年版）》 | 坚持节约优先，促进电力用户能效提升。进一步推动绿色用电与绿电交易、绿证交易衔接，鼓励重点地区、重点企业提高绿电消费比重。聚焦重点领域，科学推动电能替代，完善电能替代项目支持措施，稳步推进终端电气化水平提升。明确需求响应与有序用电的边界，优先采取需求响应等措施后，仍无法满足电力电量平衡时，再执行有序用电，着重强调要依法依规实施有序用电 |

续表

| 时间 | 发布部门 | 文件 | 政策要点 |
|---|---|---|---|
| 2023 年 10 月 26 日 | 国家发展改革委、国家能源局 | 《关于加强新形势下电力系统稳定工作的指导意见》 | 一是夯实稳定物理基础。科学构建源网荷储结构与布局，保证电源结构合理和电网强度，建设充足的灵活调节和稳定控制资源，满足电力系统电力电量平衡和安全稳定运行的需求。<br>二是强化稳定管理体系。科学谋划电力系统转型的发展方向和路径，建立适应新型电力系统的稳定管理体系，确保稳定工作要求在新型电力系统全过程、全环节、全方位落实。<br>三是加强科技创新支撑。加强基础理论研究，推进重大技术和装备攻关，加快先进技术示范和推广应用，协同构建适应新型电力系统的稳定技术标准体系，以创新支撑新型电力系统建设 |
| 2023 年 11 月 10 日 | 国家发展改革委、国家能源局 | 《关于建立煤电容量电价机制的通知》 | 一是明确政策实施范围。煤电容量电价机制适用于合规在运的公用煤电机组。燃煤自备电厂、不符合国家规划的煤电机组，以及不满足国家对于能耗、环保和灵活调节能力等要求的煤电机组，不执行容量电价机制。<br>二是明确容量电价水平。煤电容量电价按照回收煤电机组一定比例固定成本的方式确定。综合考虑各地电力系统需要、煤电功能转型情况等因素，2024—2025 年，多数地方通过容量电价回收固定成本的比例为 30% 左右，即每年每千瓦 100 元，部分煤电功能转型较快的地方适当高一些；2026 年起，各地通过容量电价回收固定成本的比例提升至不低于 50%，即每年每千瓦 165 元。<br>三是明确容量电费分摊机制。各地煤电容量电费纳入系统运行费用，每月由工商业用户按当月用电量比例分摊。<br>四是明确容量电费考核机制。煤电机组如果无法按照调度指令提供所申报的最大出力，按照发生次数扣减容量电费；多次发生出力未达标、被扣减容量电费的，取消其获取容量电费的资格 |

### 4.1.3 地方推进实施类

**发展规划方面**

各省市提出加快推进电网数智化升级和源网荷储一体化发展。

**江苏省** 提出推进城乡配电网建设和智能化升级,推动风光水火储一体化和源网荷储一体化发展。

**山东省** 提出研究源网荷储一体化、交直流混合主动配电网、高效仿真、可视化与交互等技术,推动多种能源方式互联互济。

**天津市** 提出建立电力应急调峰补偿机制,深化人工智能技术在电网领域应用,加快"多站融合"智慧能源站、智慧杆塔、智慧路灯等典型应用。

**重庆市** 提出规划碳电耦合等"八大重点方向研究""故障零闪"智慧配电网、全景感知山城电力动脉等"八项重点示范项目"。

**山西省** 提出促进电网智能化升级,全面提升电力系统感知能力,推动以新能源为主体的新型电力系统稳步构建。

**青海省** 提出提升配电网柔性开放接入、灵活控制和抗扰动等能力,服务分布式电源、储能、电动汽车充电、电采暖等多元化负荷接入需求。

## 安全保供方面

各省市通过增强电力系统灵活性、优化电力调度机制、建立应急会商机制，强化电力安全与应急保障。

**宁夏回族自治区**

严格落实电力安全风险管控专项行动计划，加强负荷中心电源支撑能力和电网黑启动应急处置能力建设。构建智慧能源体系，积极发挥分布式能源支撑保障作用，提升源网荷储协调互动能力，提高电力系统应对突发灾难抗灾能力。

**浙江省**

提出以多元融合高弹性电网为关键路径和核心载体，通过发展大规模储能，源网荷储协调互动，推动新能源科学布局充分开发，提升清洁外来电与核电规模作用，推动能源供应多元清洁，应对大规模新能源和高比例外来电不稳定性和不确定性。

**广州市**

为满足中西部、北部、东部快速增长的电力负荷需求，结合布局条件，新建一批骨干燃气电厂电源项目，推进燃煤机组等容量替代，在工业园区、交通枢纽、大型商务区、会展区等负荷集中区域，灵活布局分布式能源站、区域集中供热供冷设施和综合能源，推进能源梯级、集中、高效利用，精细优化各区负荷支撑能力。

**四川省**

优先在负荷中心、新能源大规模开发基地规划建设抽水蓄能电站，提升电力系统调节能力；逐步实现风光水互补联合调度及流域梯级综合调度；加强重点城市和用户电力供应保障，推动成都市建设坚强局部电网。加强极端情形下电力风险管控，完善省级及各地区"黑启动"方案，提高大面积停电事件应急处置和电力设施抵御地质灾害、极端天气等突发事件冲击的能力。

**湖南省**

实施电力稳定供应能力提升行动，充分发挥火电调节性强、可靠性高的优势，夯实保障性电源基础，研究与广东电网通过背靠背直流方式加强联络，按照最大负荷的一定比例配置应急备用电源和调峰电源，适度提高水电、风电、光伏发电和不可中断用户高占比地区的配置比例。

## 市场机制方面

各省市深入推进电力体制改革，加紧完善各类电力市场和可再生能源交易机制。

**河南省**

建立调频辅助服务市场机制，支持煤电机组参与调频辅助服务，获取合理的调频补偿收益；持续推进煤电上网电价市场化改革，建立能涨能跌的电价形成机制，灵活反映电力供需形势和成本变化，挖掘煤电机组顶峰发电能力，在保障供应的同时，增加煤电机组营收能力。

**福建省**

提出推进电力需求侧管理，有序推动绿色电力交易。

**四川省**

提出推广绿色电力证书交易，推行合同能源管理，积极推广节能咨询、诊断、设计、融资、改造、托管等"一站式"综合服务模式。

**天津市**

完善可再生能源市场化交易机制，积极推动可再生能源参与电力市场化交易，加快完善交易规则，破除市场壁垒，形成适应高比例可再生能源、充分反映可再生能源环境价值、与传统电源公平竞争的市场机制。

**黑龙江省**

培育绿色交易市场机制，探索开展排污权、用能权、用水权、碳排放权市场化交易。积极参与全国碳排放权交易市场建设。探索建立全省用能权交易市场，做好用能权交易市场与能耗双控工作的衔接。

**上海市**

借鉴国际电力市场建设经验，按照全国统一电力市场工作部署，结合本市实际，推进以现货为核心的电力市场改革。遵循规模由小到大、交易品种逐渐增加、交易机制逐步完善的市场建设规律，以电力现货全电量竞价与中长期交易为主、电力金融市场为补充，推动建设适应安全、低碳、经济发展导向的现代省级电力市场体系，科学引导电力行业投资，提高资源配置效率，释放电力市场改革红利。

## 新能源发展方面

西北各省市积极打造国家级光伏发电和风电基地。其余地区在加强建设跨区送电通道和推动分布式新能源发展方面相继出台政策。

**浙江省**
制定碳达峰碳中和技术路线图，统筹推进氢能制储输用全链条发展，加快储能设施建设，鼓励"源网荷储"一体化等应用。

**内蒙古自治区**
提出示范应用源网荷储一体化、新一代系统友好型新能源电站、新能源与储能和灵活性负荷融合的虚拟电厂等技术。

**湖北省**
提出适应新型电力系统发展需要，加快电网设施升级和智能调度运行水平提升，建成"送受并举、东西互济、智能高效"的坚强电网，打造全国电网联网枢纽。

**黑龙江省**
提出重点布局一批对电力系统安全保障作用强、对新能源规模化发展促进作用大、经济指标相对优越的抽水蓄能电站。

**天津市**
提出拓展跨区域送电通道，到 2025 年，全市外受电能力力争达到 1000 万千瓦。扩大外受电规模，在保障电力系统安全稳定的前提下，到 2025 年，力争外受电量占全市用电量比重超过三分之一、外受电中绿电比重达到三分之一。

**甘肃省**
"十四五"能源发展坚持大市场、大流通、大循环，全面提升能源生产、储备、运输能力，打造国家重要的现代能源综合生产基地、储备基地、输出基地和战略通道。打造国家重要的油、气、煤、电跨区能源输送通道及能源中转枢纽，以及河西走廊清洁能源基地、陇东综合能源基地等四个重要基地。

**青海省**
积极推进光伏发电和风电基地化规模化开发，形成以海南千万千瓦级多能互补 100%清洁能源基地、海西千万千瓦级"柴达木光伏走廊"清洁能源基地为依托，辐射海北、黄南州的新能源开发格局。以生态保护为前提，探索三江源地区新能源开发新模式。创新技术发展模式，示范推进光伏与水电、光热、天然气一体化友好型融合电站，实现可再生能源基地的安全稳定运行。

表 4-2　地方电力发展相关政策梳理

| 类别 | 时间 | 地区 | 文件 | 政策要点 |
|---|---|---|---|---|
| 电力发展规划 | 2022 年 1 月 | 江苏 | 《关于加快建立健全绿色低碳循环发展经济体系的实施意见》 | 推进城乡配电网建设和智能化升级。推动风光水火储一体化和源网荷储一体化发展，积极推进以新能源为主体的新型电力系统建设 |
| | 2022 年 1 月 | 山东 | 《山东省能源科技创新"十四五"规划》 | 开展智能电网高级分析与优化运行关键技术研究，推动智能配电网与数字、通信技术深度融合。推广智能监测高压电气设备、信息安全技术等技术应用，构建新型智能装备体系及运维平台 |
| | 2022 年 1 月 | 重庆 | 《关于加快构建"渝电特色 国网示范"新型电力系统的意见》 | 规划碳电耦合等"八大重点方向研究""故障零闪"智慧配电网、全景感知山城电力动脉等"八项重点示范项目" |
| | 2022 年 1 月 | 天津 | 《天津市电力发展规划》 | 建立电力应急调峰补偿机制，深化人工智能技术在电网领域应用，加快"多站融合"智慧能源站、智慧杆塔、智慧路灯等典型应用 |
| | 2022 年 2 月 | 山西 | 《山西省新型基础设施建设三年行动》 | 促进电网智能化升级，全面提升电力系统感知能力，推动以新能源为主体的新型电力系统稳步构建 |
| 安全保供 | 2022 年 9 月 | 宁夏 | 《宁夏回族自治区能源发展"十四五"规划》 | 加强负荷中心电源支撑能力和电网黑启动应急处置能力建设。构建智慧能源体系，积极发挥分布式能源支撑保障作用 |
| | 2022 年 1 月 | 浙江 | 《新型电力系统省级示范区建设方案》 | 推动新能源科学布局充分开发，提升清洁外来电与核电规模作用，推动能源供应多元清洁 |
| | 2022 年 9 月 | 广东 | 《广州市能源发展"十四五"规划》 | 推进燃煤机组等容量替代，在工业园区、交通枢纽、大型商务区、会展区等负荷集中区域，灵活布局分布式能源站、区域集中供热供冷设施和综合能源 |
| | 2022 年 3 月 | 四川 | 《四川省"十四五"能源发展规划》 | 加强极端情形下电力风险管控，强化电力系统网络安全，完善省级及各地区"黑启动"方案，提高大面积停电事件应急处置和电力设施抵御地质灾害、极端天气等突发事件冲击的能力 |
| | 2022 年 10 月 | 湖南 | 《湖南省电力支撑能力提升行动方案（2022—2025 年）》 | 夯实保障性电源基础，充分发挥火电调节性强、可靠性高的优势。扩大外电送入规模，推动祁韶直流尽早满功率运行，争取甘肃送端配套煤电尽快建成投运。提升电力应急备用能力，加强煤炭储备能力建设，筑牢天然气供应保障基础 |

续表

| 类别 | 时间 | 地区 | 文件 | 政策要点 |
|---|---|---|---|---|
| 市场机制 | 2022 年 6 月 | 河南 | 《河南省人民政府办公厅关于促进煤电行业持续健康发展的通知》 | 建立调频辅助服务市场机制，支持煤电机组参与调频辅助服务。持续推进煤电上网电价市场化改革，建立能涨能跌的电价形成机制 |
| | 2022 年 6 月 | 福建 | 《福建省"十四五"节能减排综合工作实施方案》 | 推进电力需求侧管理，有序推动绿色电力交易 |
| | 2022 年 7 月 | 四川 | 《四川省"十四五"节能减排综合工作方案》 | 推广绿色电力证书交易，推行合同能源管理，积极推广节能咨询、诊断、设计、融资、改造、托管等"一站式"综合服务模式 |
| | 2023 年 5 月 | 安徽 | 《安徽省 2023 年绿色电力交易实施方案》 | 绿色电力交易价格包含电能量价格和绿色环境权益价格（绿色电力证书）两部分，由市场主体通过市场化方式形成，结算价格按照绿色电力总价格执行 |
| | 2022 年 1 月 | 黑龙江 | 《黑龙江省建立健全绿色低碳循环发展经济体系实施方案》 | 探索开展排污权、用能权、用水权、碳排放权市场化交易，积极参与全国碳排放权交易市场建设 |
| | 2023 年 2 月 | 山东 | 《关于 2023 年山东省电力现货市场结算试运行工作有关事项的通知》 | 新能源与配建储能联合主体通过山东电力交易平台更新注册信息后，可自主参与中长期交易、现货市场申报 |
| 新能源发展 | 2023 年 5 月 | 河南 | 《关于促进分布式光伏发电行业健康可持续发展的通知（征求意见稿）》 | 及时开展区域内分布式光伏承载力评估和可接入容量测算，明确分布式光伏开发红、黄、绿区域，定期向社会公开 |
| | 2023 年 8 月 | 安徽 | 《关于进一步推进分布式光伏 规范有序发展的通知》 | 鼓励分布式光伏投资企业、电网企业探索在消纳困难变电站（台区）集中配置或租赁独立储能设施，承诺配储的项目优先接入消纳 |
| | 2022 年 8 月 | 天津 | 《天津市碳达峰实施方案》 | 拓展跨区域送电通道，扩大外受电规模 |
| | 2022 年 7 月 | 甘肃 | 《甘肃省"十四五"能源发展规划》 | 打造国家重要的现代能源综合生产基地、储备基地、输出基地和战略通道。打造国家重要的油、气、煤、电跨区能源输送通道及能源中转枢纽 |
| | 2022 年 3 月 | 青海 | 《青海省"十四五"能源发展规划》 | 推进光伏发电和风电基地化规模化开发，探索三江源地区新能源开发新模式 |

（本节撰写人：朱瑞、刘卓然、熊宇威　审核人：韩新阳）

# 4.2 协同规划机制

新型电力系统各要素结构特征发生变化，涉及环节、主体更为丰富多元，需要坚持系统观念，充分发挥规划统筹和引领作用，既保障电力系统全环节协同联动，又促进能源系统多能源耦合互补。

## 4.2.1 新能源与调节电源的协同规划

### （1）面临挑战分析。

**各层级新能源发展规划需要加强衔接。**《国家"十四五"可再生能源发展规划》虽然提出了全国总体目标和重大基地布局，但没有分省规划规模和利用率目标。各地方政府发展新能源诉求强烈，规划规模保持较高水平。目前，国家电网经营区 26 个省政府发布的"十四五"新能源规划目标合计已达 11 亿千瓦，预计 2025 年全国将达到 13 亿千瓦，超过 2030 年国家规划的 12 亿千瓦目标。新能源的超规划发展，极大增加了电力系统消纳压力。2022 年，国家电网经营区新能源利用率达到 97.3%，整体利用率保持较高水平，但已出现部分省份利用率同比降低的情况，甘肃、青海已降至 95.3%、91.8%。

**市场机制、商业模式以及安全管理尚不完善，导致新能源配储能利用率较低。**随着新能源的大规模开发应用，新能源配置储能对于提升电力系统灵活性和促进新能源消纳具有重要作用，也逐渐成为建设新型电力系统的关键支撑，其发展思路、成本疏导、商业模式等广受关注。近年来，新能源电站按容量以某一比例配置储能作为辅助消纳与支撑电网的措施，成为电站开发建设的前置条件。但当前受多方因素影响，新能源配置储能利用率较低，2022 年电源侧储能年利用小时数仅为 283 小时。在储能市场价格机制、商业模式尚不完善的情况下，强制配储给投资者带来一定的负担。新能源优化配置储能在配置要求、发展模式、应用效果等方面仍在探索完善，有待各方共同努力解决。同时，近年来储能多次发生起火事故，相关安全管理标准还不完善，制约了储能调节作用发挥。

### （2）政策机制需求。

**一是以"量率协同"推动新能源高质量发展。**

按照"全局统筹、量率一体、保量稳率"原则，科学确定新能源发展规模、布局、时序，差异化设置各省利用率指标。立足富煤贫油少气的基本国情，坚持规划引领，按照"常规电源保供应、新能源调结构"思路，促进各能源系统、源网荷储各环节协调发展。根据全国规划，在保证新能源基地规模化开发利用的基础上，分解明确各省新能源装机规划目标和利用率指标，统筹安排各类新能源项目建设规模和节奏，确保国家和地方规划上下衔接，各专项规划相互协调。

二是完善新能源配置储能的市场及管理机制，因地制宜确定有针对性、科学合理的配置比例。

## 优化配置要求

针对不同地区新能源发展规模、调节资源等实际情况，因地制宜确定有针对性、科学合理的配置比例，明确技术要求，避免"一刀切"。

## 优化发展模式

从电力系统需求的角度出发，通过新能源出力偏差考核等手段，充分激发储能多种复用功能的价值；并在此基础上，通过价格、市场等手段，拓展成本疏导机制，让储能发挥的功能价值变现，实现收益渠道多元化。

## 优化管理机制

基于新能源配置储能本体和运行特性，以满足电力系统各类调节需求为导向，建立科学的新能源配置储能利用评价指标，在此基础上，完善调度运行规则、技术标准及市场机制，提升新能源配置储能的利用率。2023 年 10 月国家发展改革委、国家能源局联合发布的《加强新形势下电力系统稳定工作的指导意见》，强调了新能源与储能协同发展，推动基地按相关标准配置储能，按需科学规划与配置储能。

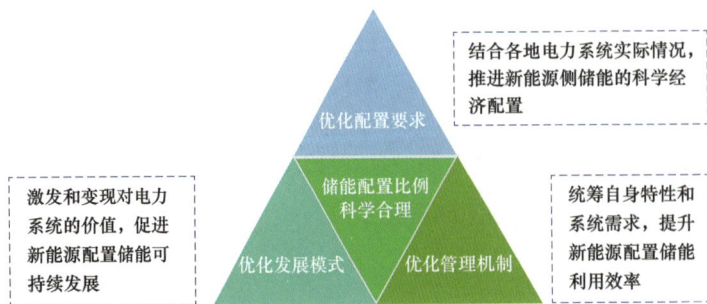

图 4-2　储能科学合理配置模式

### 4.2.2 新能源基地与电网的协同规划

**（1）面临挑战分析。**

**由于资源禀赋的差异，供给和消纳已经成为制约新能源与电网协同的关键因素。**

近年来，我国以风电、光伏发电为代表的新能源装机规模稳居全球首位，但由于资源禀赋差异，大量新能源分布在西部、北部等资源富集地区，电力负荷却多集中在中东部地区，供给和消纳已经成为制约新能源发展的关键因素。从短期来看，新能源供给消纳体系不完善导致弃风、弃光现象与"用电荒"现象并存。从长期来看，2030 年我国非化石能源占一次能源消费比重达到 25% 左右，风电、光伏发电总装机容量达到 12 亿千瓦以上，新能源建设不断提速，新能源发电装机将成为电力供应主体，系统调节和安全稳定运行压力随之大增，新能源供给消纳体系建设刻不容缓。

**部分地区新能源与配套电源、电网的统筹力度有待强化。**

各级政府主管部门、电网企业、发电企业沟通协调，及时跟踪纳规配套电源建设进度，加快电源送出工程建设和并网调试，特高压直流利用效率持续提升，但部分工程配套电源还未配齐，输电能力不能充分发挥。国家和地方规划仅明确了新能源总体规模和大致布局，没有明确具体项目、建设时序，电网规划难以明确具体配套电网方案、建设项目和时序，配套电网工程难以同步纳入国家和地方规划。另外，新能源项目建设周期短，一般半年到 1 年可完成本体工程建设；电网送出工程建设周期长，在明确方案、纳入国家和地方规划后，从前期到建成投运一般需 1 年半到 2 年，两者相差半年甚至 1 年，客观上造成源网建设不同步。

**（2）政策机制需求。**

构建适合我国国情的新能源供给消纳体系，在更高水平保障能源电力供应安全，以更大力度加快电力绿色低碳转型，确保电力经济高效、成本可控。新能源供给消纳体系的建设主要从供需双侧共同发力，以系统灵活调节能力和市场价格机制作为支撑，在电源建设、网源协调、科技创新、机制引导等方面综合保障。

**一是发挥资源时空互补特性，加强新能源基地网源协调规划，提升资源配置效率。**加强源、网、荷、储协同发展及多维时空互补协调调度，促进资源大范围共享和优化配置，基于多资源多时间尺度上的时空互补特性，加大跨区联网，通过充分利用风光水资源的时空互补性，推动风光互补、水火互济等多能互补，匹配新能源建设规模时序，有效提高新能源发电最小出力水平，发挥负荷错峰效应，降低系统整体最大负荷，平抑系统波动，减少基荷电源装机需求，提升电力系统的灵活调节能力，更大程度发挥电网平台和枢纽作用。统筹推进网源协调发展，统筹送受端电力需求、电源结构及调峰能力等因素，合理规划安排跨省跨区输送通道起落点、投产时序，确保大型基地、先进煤电、外送通道"三位一体"推进沙漠、戈壁、荒漠大型新能源基地开发利用，做到电源和电网同步规划、同步建设、同步投运。

**二是完善新能源基地一体化调度运营机制、支撑配套电源有效内用。**通过"联营不联运"，电力调度机构保留对联营体内部主体的最终调管权，紧急情况下确保电力调度机构调管至火电机组、新能源场站。统筹送端本地电力保障和外送需求，建立多时间尺度配套电源支撑本地电力保障机制，满足外送需求基础上，在日前、日内时间尺度支撑送端，并对其参与成本由送端进行合理补偿。

**三是针对沙戈荒新能源基地，提高送端新能源基地外送支撑能力，加强受端直流安全承载能力。**针对更大范围、更远距离新能源开发情景，可结合多端柔性直流汇集组网技术，促进沙戈荒新能源基地既有主网支撑，也能故障离网，避免风险扩大化，形成送端换流站与送端电网"可离可合"的联网方案，提高对弱送端大规模新能源汇集外送的适应性。优化直流布点，开辟新的线路走廊，避免形成新的密集通道，分散受端直流落点至负荷中心以外的区域，依托特高压环网送电，合理分群直流通道，避免直流群之间的相互影响。

### 4.2.3 大电网与分布式系统的协同规划

**（1）面临挑战分析。**

**大电网与分布式系统的发展协调性有待提升。**

近期，各地出现政策分布式光伏"急刹车"政策，分布式系统发展面临诸多"不和谐声音"。由于没有提前对分布式光伏的发展做好预案，虽然是"涓涓细流"，但随着不断的汇聚进入"大电网"，会对系统平稳运行造成很大压力，影响到配电网的局部电压和电网频率的稳定性。追根溯源，这与分布式的并网消纳等问题关系密切，分布式健康稳定发展需要破除深层次症结。2023 年上半年，河南新增分布式光伏 744.3 万千瓦，与 2022 年全年持平，从开发模式看，从起初的"按户开发"演进为"集中开发"，尤其是新市场主体开发规模更大，2023 年以来分布式光伏消纳压力增大，部分地市已反送至 500 千伏，影响电网安全稳定运行。

**（2）政策机制需求。**

统筹量率协同、就地平衡原则，因地制宜有序发展分布式电源，鼓励具备自平衡、自安全、智能化、经济性特征的分布式系统。

统筹兼顾分布式电源发展规模和电网承载能力，对分布式电源发展规模、布局、投产时序进行优化，鼓励具备自平衡、自安全、智能化、经济性特征的分布式电源，实现系统整体最优发展。通过利用分布式系统就地就近平衡作用，加强自平衡管理，提升对系统整体平衡的促进作用。依据配网设备负载能力确定可接入容量基础上，将电网整体消纳能力作为重要测算依据，科学制定、整体把控分布式光伏发展时序，促进分布式光伏增速不超过负荷增长速度、不超出调峰增长速度、不挤占集中式光伏发展空间。

图 4-3　自平衡、自安全、智能化、经济性特征的分布系统

## 4.2.4　多能源协同规划

机制创新是打通多能源协同难点、促进多能源高效协同规划的主要驱动力，引领共建能源互联系统生态圈。

### （1）面临挑战分析。

新型电力系统的建设目标之一是实现多能互补，促进风光水火储一体化发展、冷热电气水多能联供，支撑开展综合能源服务。新型电力系统需要突破"冷热电气"生产的各自物理界限。传统的能源供应基本是"区域化垄断"供电、供热、供水、供燃气，固定的价格与固定的市场下，缺乏压力与积极性去"互通有无，优势互补"，很难真正构建出综合能源服务体系。以新能源为主体的新型电力系统下，能源生产和消费界限需要打破，各种能源业务领域的界限需要弱化，传统的单一能源供应模式需要转向多能源协同供应模式，切实提高综合用能效率。

### （2）政策机制需求。

多能源协同规划机制的建立健全需以清洁能源消纳、大范围资源配置、电气化水平和综合能效提升、多能融合互补和多元聚合互动为需求，遵循"一个基础、两个加强、三个促进"的提升路径。

"**两个加强**"侧重在规划阶段将能源生产、存储设备设施的布局建设融入城市建设，以打破业务、技术壁垒，比如针对新建的园区、机场、火车站、医院、校园等，电力、燃气、热力、供冷、供水管廊等基础设施需要融合规划，冷、热、电、气多种能源系统间的技术壁垒需要打通，如电力企业在配电园区正在试点的"光伏电站 + 风电站 + 变电站 +5G 基站 + 储冷 / 储热 / 储氢 / 储电站 + 充电站 + 数据中心站"多站合一。

"**三个促进**"首先是促进多能互补方面，实现以电为中心的多能互补互济。

**一是**实现电能 - 天然气的互补互济。基于微型燃气轮机、电驱动压缩机、冷热电三联供、电制甲烷等技术装备，充分利用天然气系统的可大规模存储特性以及不同品位的差异化利用特性，构建电能 - 天然气联合供能系统。通过将低谷时段剩余风电转化为易于大规模存储的天然气，并在高峰时段通过燃气轮机发电重新利用，实现能量的长时间、大范围时空平移，在促进可再生能源消纳的同时，提升系统综合能源利用效率，减少二氧化碳排放。

**二是**实现电能 - 热能的互补互济。基于温控负荷、热泵、浸入式加热器等技术装备，充分发挥电能的易传输特性和热能的梯级利用特性，构建电能 - 热能联合供能系统，充分利用热能的延时效应，利用需求侧响应、能效电厂等先进技术，通过参与电网辅助服务，提升能源系统的综合能源利用效率、运行可靠性与灵活性。

**三是**实现电能 - 氢能的融合互补互济。基于电解水制氢、燃料电池等技术装备，充分发挥氢能清洁、便于储存与传输特点，构建电能 - 氢能联合供能系统。针对储电成本较高造成的储电难问题，将可再生能源难以消纳的多余电力转化为氢气并进行存储，并在负荷高峰时期，将氢能转化为电能反馈给供用电系统，为可再生能源的规模化综合开发利用、存储，以及综合能源利用效率的提升提供有效途径。

**促进多元聚合互动方面**，考虑电动汽车、可控负荷、分布式储能等多元主体数量多、容量小、覆盖广的特性，利用电动汽车有序充电、电动汽车与电网互动、需求侧响应等技术，聚合电动汽车、用能终端、储能等设备，发挥可控负荷的集群规模效应，参与电网调峰与优化运行，改善能源系统的整体特性。

**促进消费终端电气化方面，**在工农业生产制造、电力供应与消费、居民采暖、交通运输、家庭电气化五大领域，有序推进电能替代，提升终端消费电气化水平，促进多能协同联动。

构建以综合能源站为主要载体的综合能源系统运行机制是进一步强化多能协同机制的重要手段。通过构建综合能源站，利用可获得的各类能源资源和能源转换设备，集中为多个用户提供一种或多种能量产品，满足一定区域范围内终端用户电、气、热、冷一种或多种负荷需求的能源转换、存储与配送，实现电能 - 天然气、电能 - 热能、电能 - 氢能等形式的多能融合互补。

（本节撰写人：王旭斌、丁玉成、张琛  审核人：靳晓凌、张钧）

# 4.3  市场价格机制

从更高水平统筹平衡安全、经济、绿色的成本疏导机制角度，分析新型电力系统推进过程中市场价格激励机制的完善情况。

## 4.3.1  系统成本分析

新能源比例不断提升，电力供应波动性增强、峰谷差拉大，使得保障新能源接入的电网加强需求、保障系统平衡的调节电源需求持续增加，推动系统供电成本提升。

**一是发电成本**
包括为满足电力电量供应带来的各类电源投资运行成本，以及为适应碳减排和系统调节需求带来的 CCUS、灵活性改造等各类技术改造成本。

**二是电网成本**
包括输配电网建设改造运行成本、网损折价成本、$SF_6$ 减排治理成本等。

**三是需求侧成本**
包括需求侧响应涉及的技术改造及调用成本。

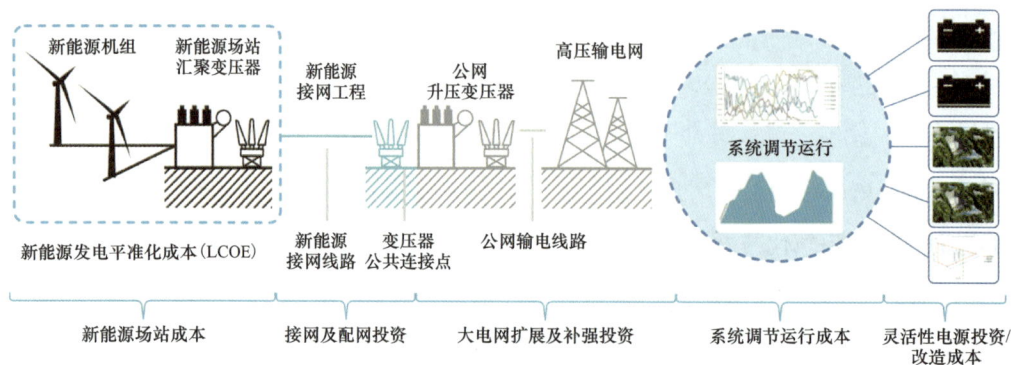

图 4-4　新能源利用成本构成

> **综合来看**
>
> 　　考虑各类产业稳步调整，预计到 2025 年、2030 年、2060 年，电网的度电成本分别增长至 0.190、0.194、0.223 元 / 千瓦时；考虑电源、网损及新型主体的灵活调节调用等其他环节，电力供应的总度电成本分别增长至 0.617、0.660、0.750 元 / 千瓦时。

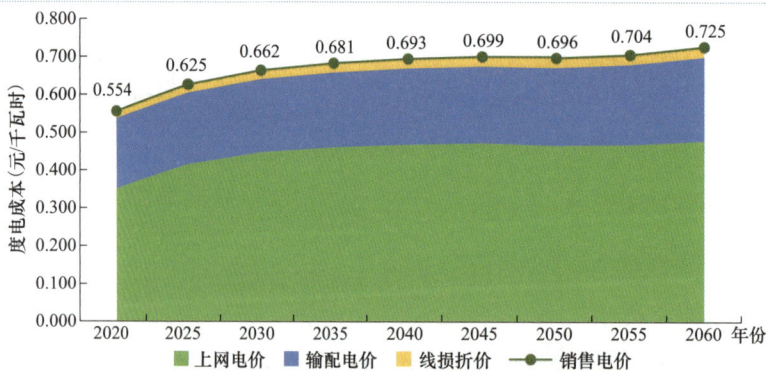

图 4-5　系统总供电成本变化趋势

### （1）电源成本。

**新能源发电成本变化趋势。**

| 新能源发电方面 | 　光伏发电度电成本不断下降，风电成本略微上涨，同时二者相对火电成本优势都越来越明显。 |
| --- | --- |
| 光伏发电方面 | 　当前成本约为 0.340 元 / 千瓦时，考虑硅料成本和新技术路线发展，光伏发电的单位容量造价不断降低、效率也将提升，光热发电成本相对较高，但也有望持续下降，2060 年，预计高价光热发电电量占比达 34%，光伏发电平均度电成本 0.263 元 / 千瓦时。 |

**风电方面**

当前成本约为 0.310 元 / 千瓦时，海上、陆上风电单位容量造价不断降低，海上风电将逐步向深远海发展，有利于提升利用小时数，但也会减缓海上风电成本下降速度，2060 年，预计高成本的海上风电电量占比达 34%，风电平均度电成本 0.340 元 / 千瓦时。

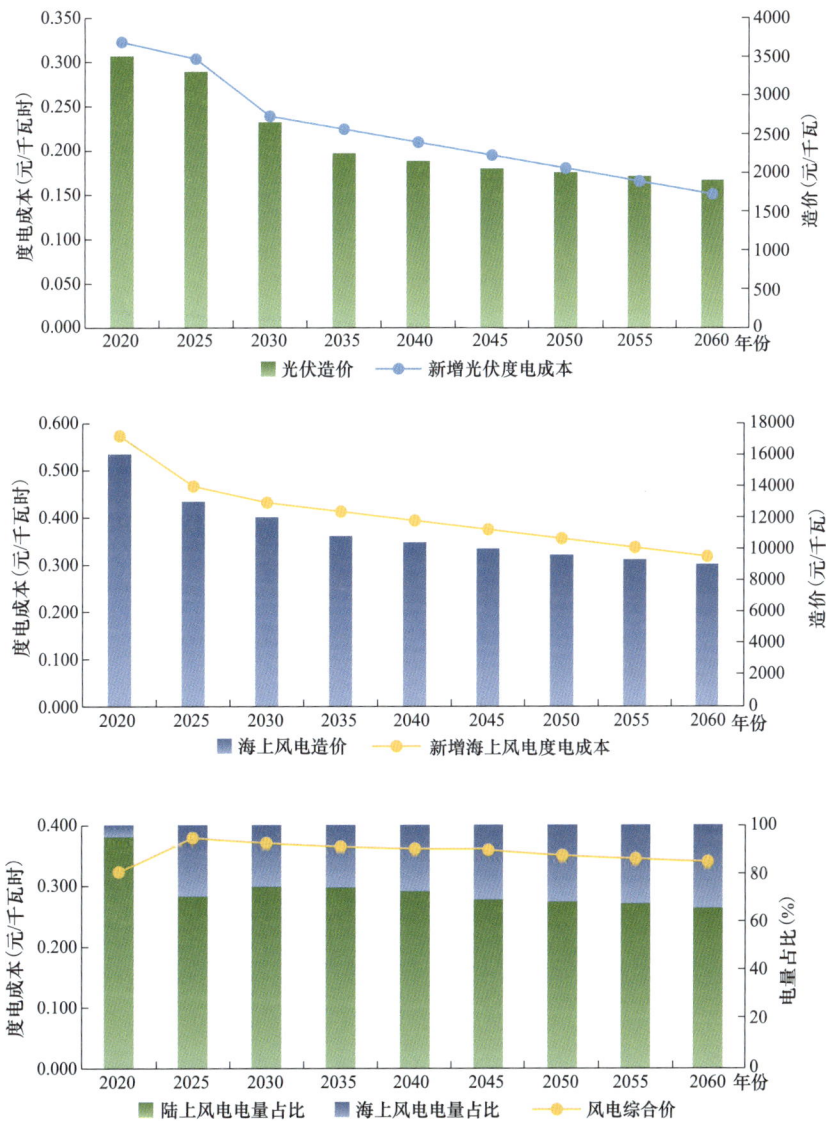

图 4-6　风电造价及度电成本变化

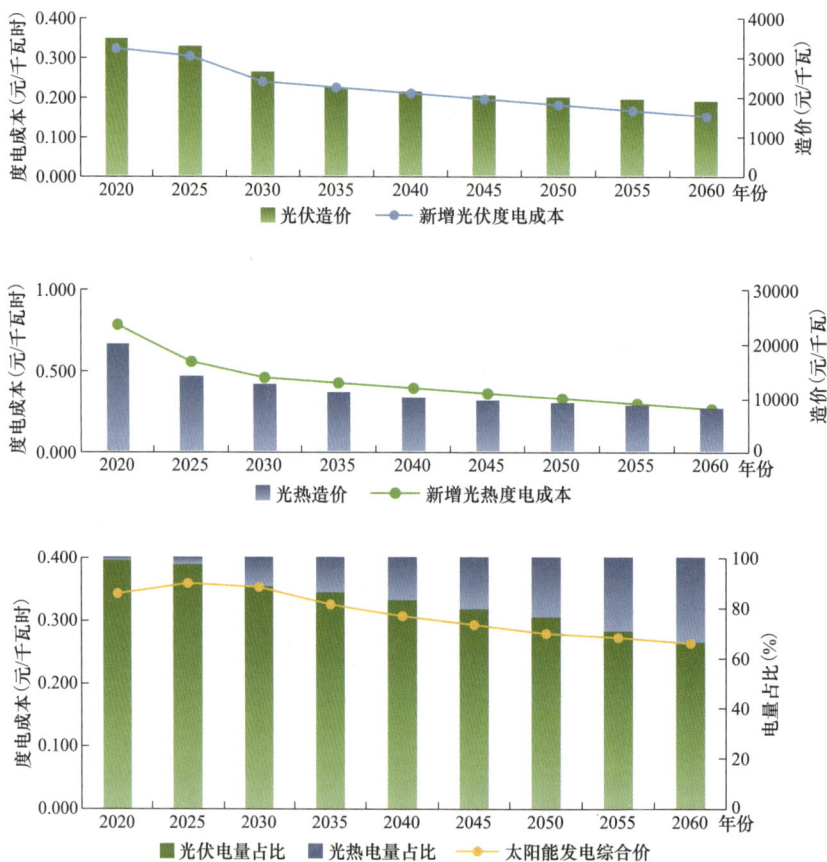

图 4-7　光伏发电造价及度电成本变化

**传统电源和 CCUS 成本变化趋势。**

| 化石燃料发电方面 | 　　　　当前成本约为 0.383 元 / 千瓦时, 受平均利用小时数下降、电煤价格上涨、煤电灵活性改造三重因素影响, 预计煤电度电成本将持续上涨, 2060 年度电成本上升至 0.871 元 / 千瓦时, 其中, 灵活性改造成本 0.090 元 / 千瓦时, 固定成本 0.433 元 / 千瓦时, 变动成本 0.348 元 / 千瓦时。燃气发电方面, 当前成本约为 0.727 元 / 千瓦时, 受利用小时数下降、燃料价格上涨影响, 预计燃气发电度电成本也将持续上涨, 2060 年度电成本上升至 1.428 元 / 千瓦时, 其中, 固定成本 0.203 元 / 千瓦时, 变动成本 1.225 元 / 千瓦时。 |
| --- | --- |

传统能源
发电方面

到 2060 年时，燃气发电成本随天然气价格大幅上涨，煤电随煤炭价格小幅上涨，水电成本因新建厂址不断向西部高海拔地区移动也有上涨，核电成本则随技术进步小幅下降。与 2020 年价格相比，燃气发电成本上涨约 137%，煤电成本上涨约 24%，水电成本上涨 47%，核电成本下降 16%（燃气和火电成本中不含 CCUS 成本）。

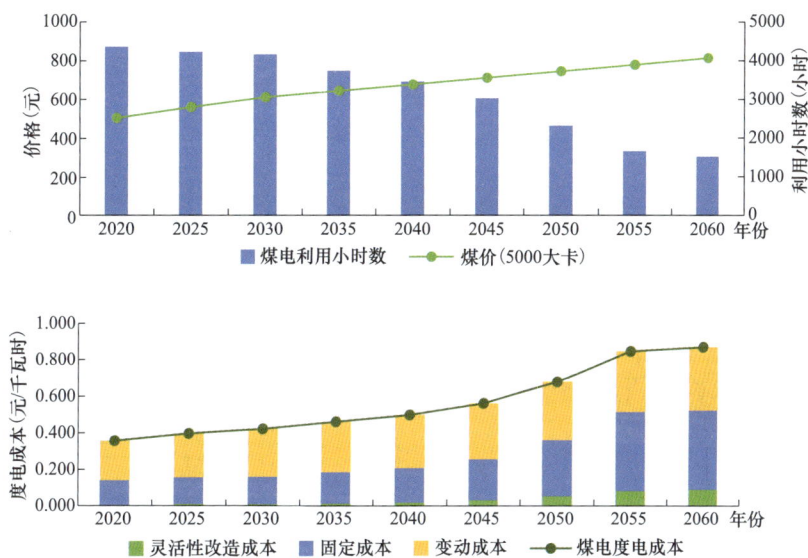

图 4-8　煤电度电成本变化

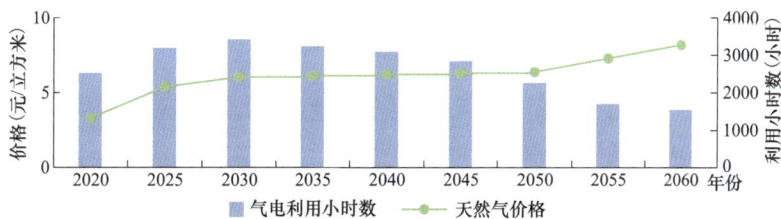

图 4-9　天然气发电度电成本变化（一）

**113**

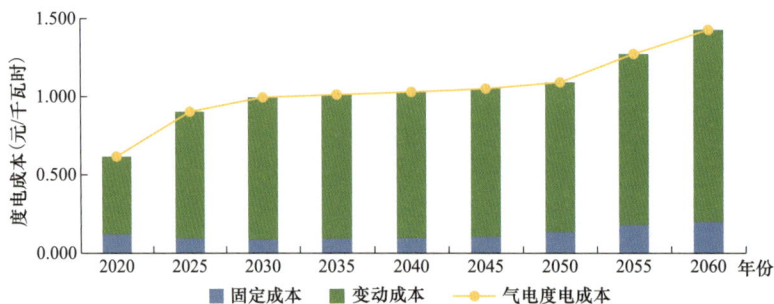

图 4-9　天然气发电度电成本变化（二）

为实现减碳，CCUS 等发电技术应用也将越来越广泛，推动单位成本降低。改造成本持续提升。预计火电 CCUS 捕集设备投资成本在 2035 年下降至 2500 元 / 千瓦左右，2060 年进一步降至 1500 元 / 千瓦。

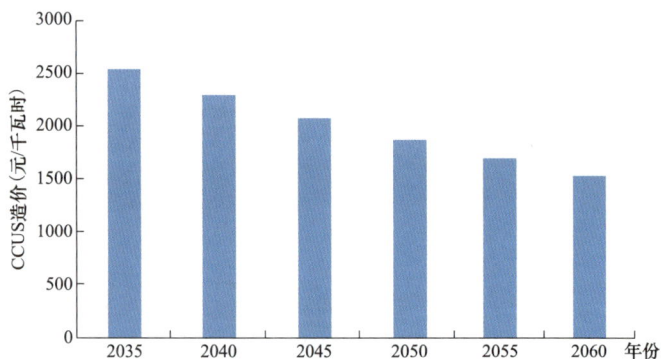

图 4-10　CCUS 投资成本趋势

## （2）电网成本。

电网成本包含满足用电需求、满足新能源发展需要、投资界面调整、存量资产更新改造四大类，其中，满足用电需求的投资及存量资产更新改造投资包含电网智能化、数字化改造成本。

满足用电需求而产生的投资量结合电网投资规模与新增售电量、新增电力负荷等时间序列数据进行回归分析；满足新能源大规模发展产生的投资量方面，根据经验数据，由新能源增长引起的大电网扩展及补强成本为 218 元 / 千瓦；接网投资方面，集中式新能源接网成本约为 410 元 / 千瓦，分布式新能源不同接网方案下接网成本在 26 ～ 38 元 / 千瓦左右。电网投资界面调整投资是指根据政策要求需要增加的公用电网投资。预测未来将最高有 700 亿元电网投资延伸至用户红线。存量资产更新改造投资将随时间推移而增加，2040 年后占电网投资的主要部分，2030 年投资规模约为 1450 亿元，2060 年约 7000 亿元。到 2060 年时，预计电网成本上涨幅度为 23%，达到 0.2299 元 / 千瓦时。

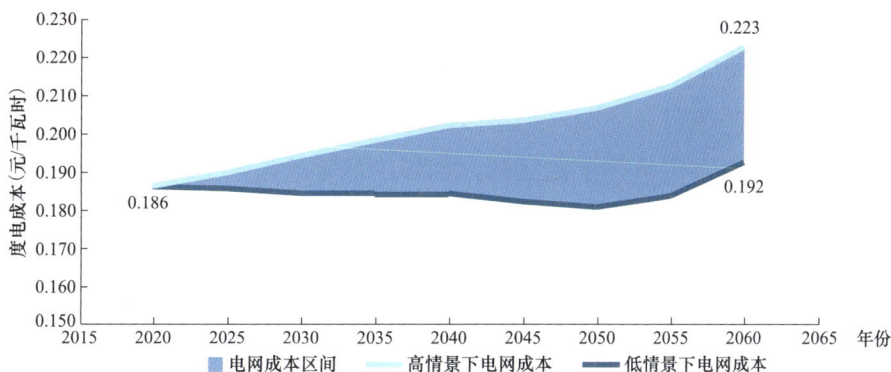

图 4-11　电网成本趋势预测

（3）需求侧成本。

预计 2030、2060 年需求侧可用资源均达到当年最大负荷的 5%，年投入成本分别达到 300 亿、800 亿元以上。

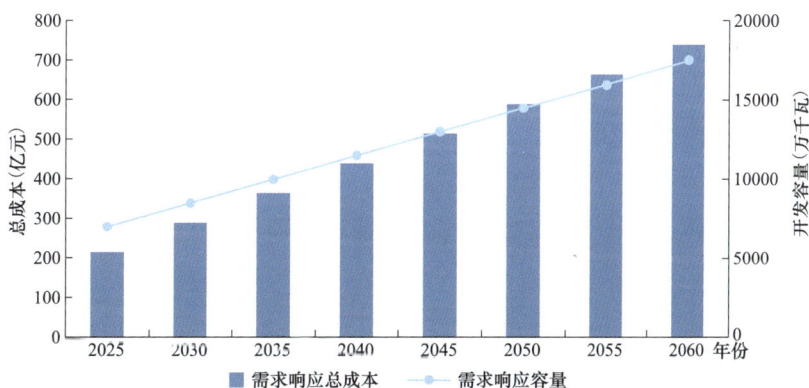

图 4-12　需求响应总成本和容量预测

## 4.3.2　安全保供市场价格机制

结合新型电力系统电力供应、安全运行需求，考虑保民生、保经济社会发展需求，统筹市场建设和电力保供关系，从支撑煤电功能定位调整的容量充裕度保障机制、一次能源和电力市场协同、支撑灵活调节资源的辅助服务市场等方面，完善安全保供市场机制。

## （1）面临挑战分析。

**一是体现保供调节能力的市场机制有待进一步完善，需充分调动各主体积极性。**

我国一、二次能源价格机制不顺畅，煤炭产销高度市场化，在主要用煤行业中，冶金、化工等行业终端产品可以随行就市涨价，一定程度也会推动煤炭价格上涨。而燃煤发电价格浮动受限，当煤价涨幅远超电价浮动上限时，导致发电企业亏损、发电意愿下降，直接影响电力保供，这种情况在 2021、2022 年表现得较为突出。煤价高企背景下，发电企业对煤电发展预期减弱，不想投、没钱投，阻碍其基础保障性和系统调节性作用的有效发挥。此外，辅助服务市场机制还不完善、补偿费用偏低，影响储能、虚拟电厂等新兴主体参与积极性，现阶段我国辅助服务补偿费用仅占上网电费总额的 1.5%，低于美国 PJM 市场的 2.5%、英国的 8%。

**二是中长期与现货、省间与省内市场价格机制衔接不够，不利于电力保供稳价。**

2022 年迎峰度夏大负荷期间，省间电力现货均价约为中长期价格的 4 倍，送端发电企业更倾向参与省间现货市场获利，惜售、沽高情绪高涨，省间中长期交易难以达成，严重影响中长期交易"压舱石"作用的发挥。例如，由于省间现货限价也高于省内现货市场限价，造成部分送端现货试点省份发电机组不愿参与省内现货市场，纷纷申报省间现货，给省内电力供需平衡造成较大影响。

**三是需求响应市场机制还不成熟，难以成为"优先"负荷调控手段。**

需求响应通过经济补贴、价格信号等引导用户主动调节电力需求，在用电高峰时段可有效削减负荷、缓解电力平衡压力。目前，仍有少数省份未出台需求响应政策，即使在出台政策的省份，由于市场约束力不足、电价引导作用有限、补贴资金来源不足等原因，市场主体主动参与负荷调节的积极性也较低，难以应对较大和较长时间的电力电量缺口。

## （2）政策机制需求。

### 一是完善容量、调节性市场化机制，保障系统充裕性，夯实安全兜底保障基础。

立足以煤为主的国情，通过市场化手段体现煤电机组等常规电源的容量价值。通过容量电价保障煤电固定成本回收和基本生存需要，通过电量电价激励高效煤电机组参与系统调节，疏导煤电经营成本，引导煤电为新能源发展腾出电量空间的同时提供系统所需保障支撑能力，确保新型电力系统平稳有序构建。**随着煤电容量电价机制的建立，结合电力市场基础的进一步完善，容量电价形成方式将向着更加市场化方向发展、涵盖电源类型将更加多样，比如探索建立容量市场，并加强与现货市场的衔接。**促进电能、辅助服务、容量、碳等各类市场协同运作，发挥抽水蓄能、新型储能和需求侧响应的调节价值，共同提升电力系统调节能力。2023 年 11 月 10 日，国家发展改革委、国家能源局发布《关于建立煤电容量电价机制的通知》，为适应煤电向基础保障性和系统调节性电源并重转型的新形势，决定将现行煤电单一制电价调整为两部制电价，充分体现煤电对电力系统的支撑调节价值，更好地保障电力系统安全运行，为承载更大规模的新能源发展奠定坚实基础。2023 年 9 月、10 月国家发展改革委、国家能源局分别发布的《电力现货市场基本规则（试行）》《关于进一步加快电力现货市场建设工作的通知》指出，结合实际需求探索建立市场化容量补偿机制，实现可靠性电源容量价值的合理补偿，保障系统发电容量充裕度、调节能力和运行安全。

### 二是健全电网调度交易运行长效机制，强化市场机制协同、流程衔接。

落实跨省跨区输电通道长期送受电协议签订和执行刚性，在可研阶段同步签订长期协议，落实"先签后建"，并强化协议执行的刚性，稳定送电预期，保障通道利用率。统筹中长期与现货市场，推进交易周期无缝对接，统一规范中长期电力曲线形成方式，进一步完善电价机制和限价政策。结合全国和区域统一电力市场建设目标，分阶段推动大型新能源基地跨省跨区通道输电价格由单一制电量电价逐步向两部制电价过渡。

**三是完善负荷管理政策机制，提升需求响应的主动性、可靠性。**

发挥价格信号的引导作用，适时推进居民阶梯电价由年阶梯改为月阶梯，进一步优化工商业分时电价时段划分，拉大峰谷价差，引导各类用户主动调整用电行为，科学用电、节约用电。通过将电网企业开展负荷管理合理支出纳入输配电价核定、扩展需求响应专项基金来源、提升高耗能企业电价补贴需求响应等，建立需求响应资金长效渠道。坚持政府主导、政企协同、企业实施，将负荷管理执行情况纳入地方政府考核，督促电力供应紧张地区严格落实有序用电方案，保障民生用电。2023年9月国家发展改革委、住房和城乡建设部等6部门联合印发的《电力需求侧管理办法（2023年版）》指出，全面推进需求侧资源参与电能量和辅助服务市场常态化运行，鼓励满足条件的需求响应主体提供辅助服务，保障电力系统稳定运行。

### 4.3.3 新能源消纳市场价格机制

**（1）面临挑战分析。**

**一是新能源发电特性削弱了市场竞争力。**

由于新能源发电的随机性，新能源无法提前一年、一个月准确预测其电量及曲线，难以利用年度、月度中长期交易合同规避现货价格风险，也难以有效管理日前与实时市场中的曲线偏差风险，进一步削弱了市场竞争力。若要求新能源在年度、月度签订高占比中长期交易合同，尤其是在缺乏灵活的合同交易或其他金融避险工具下，反而将加大新能源收益风险。与火电的自主控制出力曲线相比，新能源更多是"靠天吃饭"。无论签订何种交易曲线，对新能源都存在较大的偏差考核或结算风险。

**二是新能源参与市场后的收益存在不确定性。**

目前，大多数省份新能源机组主要电量仍是通过电网企业"保量保价"进行消纳。参与市场交易后，新能源机组需要与其他类型机组同台竞价，面临市场价格波动或无法出清的风险。新能源参与现货市场后，市场价格普遍较低，还需承担辅助服务费用、负荷预测偏差等考核费，进一步拉低其市场化收益影响新能源企业参与市场的积极性。

（2）政策机制需求。

**一是区分存量、增量以绿电交易为抓手，有序推动新能源参与市场交易。**

科学确定新能源保障利用小时数，超出部分参与市场交易。近期，放开增量新能源项目通过绿电交易参与市场，推动新建项目不再设定保障利用小时数。未来，引导存量项目参与市场交易，推动绿电交易与其他中长期交易统一组织。北京、广州电力交易中心分别印发了《北京电力交易中心绿色电力交易实施细则》《南方区域绿色电力交易规则（试行）》，有效支撑绿色电力交易规范有序开展。

**二是优化新能源环境价值凭证制度。**

随着新能源接入比例的提高，有必要确定用户用电量中新能源配额比例，建立相应考核机制，用户通过购买新能源绿证完成配额责任。绿电交易和绿证交易并举、互为补充，用户可选择通过绿电交易或绿证交易获取绿证。以绿证作为我国可再生能源电力消纳责任权重完成的计量方式，强化可再生能源电力消纳责任权重考核，分阶段、分类型引导用户侧通过绿证、绿电交易获取绿证，提升新能源发电的环境价值收益。

**三是完善适应新能源发电特性的市场机制。**

为保障新能源入市后的合理收益，可考虑用户承受能力，按照激励相容的原则，建立新能源参与市场后的电价支持机制。可事先建立本省新能源发电收益率标准，据此分别计算风电、光伏发电目标电价，当出现因市场整体供大于求等导致新能源无法满足收益要求，则按照一定方式进行补偿。考虑到新能源发电预测精度随预测提前时间的缩短而提高的特点，完善适应新能源发电特性的中长期交易机制，逐步缩短交易周期，探索在运行日前 2 ~ 3 天组织的中长期连续交易，合理引导新能源在年度、月度、月内及更短周期中长期交易的合同比例。

### 4.3.4 "电 - 碳"市场协同机制

绿电的交易是实现绿色能源生产消费的基石，有助于进一步激发可再生能源产业发展动力、推动新型电力系统建设、促进社会经济低碳转型，目前我国"电 - 碳"市场还存在机制衔接、市场定价机制、电碳排放核算不完善的问题。

**119**

**（1）面临挑战分析。**

**一是绿电交易与碳交易、绿证交易衔接不完善，存在重复支付环境费用、证电关系匹配等问题。**

绿电交易开放后，我国出现绿证交易、绿电交易和碳排放权交易三足鼎立的局面，由于三者都有"促进绿色低碳发展"的目标，容易存在一些市场机制方面的冲突。一方面，绿电交易与碳交易可能存在重复支付环境费用问题，造成"电-碳"市场衔接存在缺陷；另一方面，绿电交易和绿证交易的证电关系有待进一步理顺，绿电交易的"证电合一"模式与绿证交易的"证电分离"差异引起双市场机制下的证电关系问题。绿电交易作为连接绿证交易和碳排放权交易的"黏合剂"，需要在市场机制的衔接方面进一步完善。

**二是绿电交易市场处于起步阶段，尚未完全形成市场化定价机制。**

我国绿电交易启动于 2021 年，虽然已经借鉴了诸多国家的经验，但对于我国来说仍是重大的创新与变革。目前，我国绿电交易市场主要有两种交易方式，一是通过电力直接交易方式购买绿电，二是向电网企业购买绿电。与一些西方国家相比，我国绿电交易以自愿交易市场为主，没有实现配额强制交易与自愿交易的融合，这使得许多企业对于绿电的需求并不迫切，绿电交易市场需求端的活力尚未完全被激发。此外，受限于我国绿电的成本和国外的技术壁垒，国内绿电存在价格劣势，东部发达地区的高绿电需求、低绿电供给与"三北"地区高绿电供给、低绿电需求出现供需匹配难题。

**三是随着碳市场的扩容，电碳排放核算需要进一步完善细化。**

未来，钢铁等其他行业纳入碳市场后，我国在企业碳核算时会纳入使用电力所产生的间接碳排放，用电量和用电结构对碳排放量核算结果产生直接影响，因此，"电-碳"市场耦合度更高。国外碳市场主要涵盖化石燃料燃烧等产生的直接排放，我国碳市场不仅涵盖化石燃料燃烧产生的直接排放，还涵盖使用电力、热力等产生的间接排放。其中，用电碳排放由用电量乘以对应电网平均排放因子得出。因此，控排主体的用电量和用电结构均会影响排放核算结果。

（2）政策机制需求。

"电 - 碳"市场互相影响、互为约束，需要在市场空间、价格机制、市场政策和绿色认证等方面加强协同，形成推动电力系统低碳转型的最大合力。

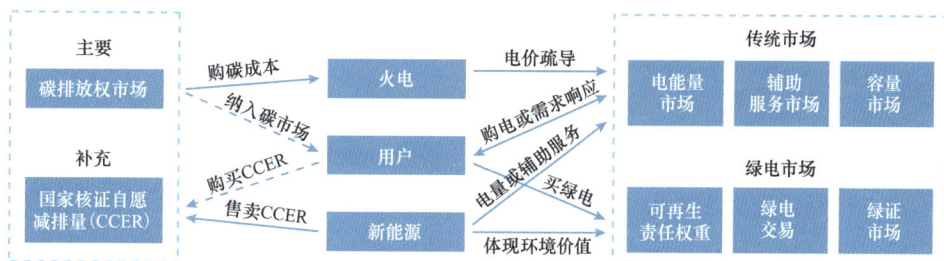

图 4-13  "电 - 碳"市场协同

**一是加强"电 - 碳"市场空间协同，避免二者相互掣肘。**

随着碳达峰碳中和的深入推进，全国碳市场配额总量空间将逐步收紧，而电力要支撑经济持续稳定增长、承接工业和交通等其他行业转移的减排责任，仍面临相当长的扩张期。因此，应当合理划定"电 - 碳"市场空间，同频共振、相互促进，避免相互掣肘、削弱[25]。

**一是**碳配额分配空间及行业基准线设定"适度宽松"，给电力行业留足转型时间。兼顾煤电作为近中期主力电源和托底保供的支撑作用，充分考虑煤电减碳、降碳技术发展进程，配额分配不宜过紧，要实现平稳转型、安全降碳。

**二是**要充分满足应急保障电源排放需求，对应碳排放配额"宜免则免"。对于承担应急保障、关乎电力系统安全稳定的关键火电机组，应当给予充足的碳排放配额或不再纳入强制控排范围。

## 二是协同制定市场政策，确保政策有效落地。

目前，电力市场和碳市场建设分别由不同的国家部委负责推进，在实际工作中需加强政策协调。

**一是**增强两个市场在目标任务、建设时序、引导市场主体行为改变等方面的一致性。两个市场要围绕"双碳"目标、能源转型"同一命题"系统谋划政策体系、一体化推进市场建设，在推动煤电结构优化、煤电功能转换及促进低碳投资等方面形成合力。

**二是**推动电力行业控碳、减碳政策关联耦合、彼此配套，尤其是可再生能源相关政策。各省火电碳配额总量与可再生能源配额制总量目标要相匹配，确保能够合理执行。绿证对可再生能源电力全覆盖后，要协调好可再生能源配额制、绿证交易和 CCER 交易之间的衔接关系，要避免重复激励和考核。

## 三是互通绿色认证信息，打通"电 - 碳"市场衔接关键节点。

我国绿电交易试点已顺利起步，绿电的环境价值需要在碳市场被认可，以提高用户购买绿电的积极性。

**一是**探索绿证作为用户侧间接碳排放核算的凭证。控排企业购买了绿色电力，在其碳排放量核算中，以绿证为凭证，仅计算扣除绿色电量部分的用电碳排放，实现"电 - 碳"市场的协同增效作用。

**二是**探索 CCER 和绿证两个体系的信息联通。政策已经明确提出绿证对可再生能源电力全覆盖，CCER 也将重启，如何实现 CCER 和绿证两个市场的信息互通至关重要，例如绿证可为 CCER 项目发电量、减排量核证提供凭证。

**四是完善价格传导机制，引导全社会节能降碳。**

可通过畅通"电 - 碳"市场价格传导链条，促进碳成本在全社会不同行业的分摊疏导。

**一是**完善针对未放开上网电量、未参与市场用户的碳价传导机制，体现公平分担原则。近期，部分地区煤电因发用电计划匹配、应急保供等原因，一时还难以进入市场，需要单独设计碳成本传导机制。另外，碳成本通过市场竞价传导到市场化用户，对于未参与市场的用户，也需要设计相应的碳成本分摊机制。

**二是**丰富碳成本多元疏导渠道，避免在电力领域过度征收、推高终端电价。借鉴国际经验，通过配额有偿拍卖或碳税与碳市场搭配实施等方式，取得的专款用于用户补贴或资助减碳项目，以减缓碳成本对电力领域的压力。

**三是**创新"电 - 碳"市场主体的利益共享机制，统筹涉碳资金再平衡，形成良性循环和激励。新能源通过参与绿电交易、CCER 交易获得额外收益，"反补"火电提供的辅助服务成本，而火电企业所获收入对冲碳成本增加。通过"电 - 碳"市场联动，既促进新能源消纳，又引导火电向灵活调节资源转变，形成良性循环。

（本节撰写人：吴洲洋、朱瑞、张超、孙启星、张凡　审核人：靳晓凌）

# 4.4　安全保障机制

坚持安全共担、协同共治原则，确定新型电力系统各主体安全应急责任与协同保障机制。

## 4.4.1　安全责任共担机制

当前电力系统安全运行基础和模式正在发展演变，需要进一步完善多主体参与、全场景应对的安全保障体系，才能共享发展成果。

## （1）面临挑战分析。

### 一是多元主体电力安全责任共担机制有待深化完善。

电力安全生态圈涉及主体多元，包括政府、电网企业、发电企业、用户以及传统电力相关企业、能源电力创新企业、通信与互联网创新企业等，安全内容包括电力物理安全与数据网络安全等。同时，储能、源网荷储一体化、虚拟电厂、负荷聚合商等新型主体大量涌现，对电力安全责任共保提出新的更高要求，需要进一步厘清多元主体间的安全责任边界，推动形成更具韧性的新型电力系统安全生态圈。

### 二是新能源安全支撑责任需进一步明确。

新能源具有间歇性、波动性等特征，需要常规电源在电力安全保障中共同承担责任，尤其在成为电量供应主体过程中，需由"搭车"逐步向"拉车"转变，在系统安全运行中要发挥主体责任。随着新能源成为主体电源，承担的调节责任也应相匹配，并网标准需及时更新，强化并网调节支撑能力要求，如新能源控制能力、储能与无功补偿装置等配套标准，同时提高新能源发电设备标准对极端气候的适应性。

### 三是多形态电网运行协同机制尚不完善，亟须明确安全调控责任。

随着分布式电源大规模开发，微电网、虚拟电厂等分布式系统大规模接入，多主体、多形态电网间的协同机制还不健全、安全责任还不明确，对电力系统整体性、安全性造成影响。地方电网与大电网间调度机制还不健全。

## （2）政策机制需求。

构建多主体各司其职、各担其责的共建、共治、共享、共赢电力安全责任共担机制，支撑电力行业高质量发展，保障电力系统安全可靠。安全责任共担基础是政府提供的相关产业政策、市场规则，除政府之外，生态体系中各参与方可以分为两层，内层主要包括电网企业、发电企业、用户等，外层主要包括传统电力相关企业、能源电力创新企业、通信与互联网创新企业等。

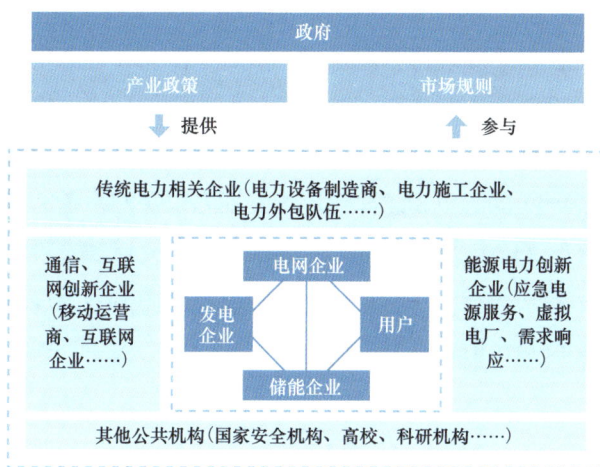

图 4-14 电力安全责任共保框架

**一是坚持安全共担原则，科学明确各方责任界面，实现保障体系适应新型电力系统安全发展需求。**

牢固树立电力供应安全保障底线意识，建立源网荷储多主体责任共担的履责体系。明确生态体系中各方主体责任，实现团结治网，共保平安安全。政府相关部门应负责电源、电网等规划的统筹协调，并制定改革推进过程中保障电力安全所需的配套政策；发电企业应提供安全可靠电源，完全响应电力系统应急调用，并主动消除信息漏洞；电网公司应维护电网传输安全，在合理调度资源支撑下维持电网安全稳定运行；用户应配合实现精准切负荷、需求响应。同时，政府、电网企业等相关方需要共同努力，引导用户对可靠性的合理期望，在当前行政手段为主的可靠性管理基础上引入必要的巿场调节机制，引导社会建立起电力优质优价的理念，帮助用户合理确定可靠需求，加大对高可靠性用户的投入。

**125**

### 二是完善新能源并网调节支撑标准和激励机制。

目前国家行业均出台了新能源并网标准，解决了部分新能源电网适应性弱、功率控制能力不足、电压穿越能力缺失等问题。随着新能源更高比例接入，并网标准需及时更新，提高新能源并网调节支撑能力或配套储能标准，通过自建或市场化方式满足标准要求，进一步提升新能源机组频率电压耐受能力以及对系统的支撑能力。强化并网调节支撑能力要求，如新能源控制能力、储能与无功补偿装置等配套标准，同时提高新能源发电设备标准对极端气候的适应性。建立新能源调节支撑激励机制，提高虚拟同步机、动态无功配置比例，提升新能源在转动惯量、频率、电压支撑方面的履责能力。

### 三是清晰界定大电网和分布式系统的安全责任。

建立分布式系统的安全履责机制，利用自平衡保障能力，承担一定比例负荷保障责任。完善大电网与分布式系统的备用协调机制，以容量备用购买服务方式疏导电网备用成本。建立差异化的供电可靠性责任兜底机制，将责任边界设定在分布式系统的公共连接点。坚持"小微化、绿色化、自平衡、自安全、数智化"分布式系统发展模式，按照国家要求规范分布式光伏、分散式风电、天然气分布式能源系统等准入和并网标准，明确应承担的普遍义务及需要合理分摊的成本，建立分布式系统作为"产消者"参与电力市场的交易机制，最终与大系统共同构建成深度融合、协同发展的有机整体。2022 年 3 月，内蒙古自治区人民政府发布《源网荷储一体化项目实施细则（2022 年版）》，明确源网荷储一体化项目不增加系统调峰压力，综合调节能力原则上不低于新能源规模的 15%。

### 4.4.2　安全风险管控机制

在新型电力系统加速构建背景下，电网快速转型发展，电网安全运行面临着新风险、新挑战，主要体现在一次能源稳定性不足、抗新能源扰动不足、电网运行特性更加复杂、电力关键设施防护更加困难、核心软件技术对外依存高等，需要把握新形势下安全风险问题和规律，从风险认知、责任划分、防风险基础能力、科技创新等方面，提出健全安全风险管控机制的建议，提升安全风险管控能力。

## （1）面临挑战分析。

### 一是一次能源供应不确定性增强。

煤炭、天然气供应的影响因素更加复杂多元，积极的能源转型政策严控煤炭、天然气新增产能，多变的国际市场环境加剧价格波动，突发的极端天气事件则可能导致煤炭、天然气输送通道阻塞，常规能源的供应预测难度也进一步增加，各种因素综合后使得电能生产所需的一次能源供应的分析预测难度加大。

### 二是新能源大规模接入，抗扰动能力不足。

近年来我国风电、光伏发电等新能源发展迅猛，并网装机规模达 3 亿千瓦，居世界首位。新能源具有显著的间歇性和波动性，大规模、高比例接入电网，导致系统调峰调频调压矛盾突出，加剧了运行控制和平衡调节难度。特别是新能源并网标准与常规电源仍然存在较大差距，对系统频率、电压波动的耐受能力不足，容易在故障期间大面积连锁脱网，扩大事故影响范围。

### 三是电网交直流高度互联，导致故障级联影响扩大。

我国电网是世界上规模最大、电压等级最高、结构最复杂、资源配置能力最强的交直流混联电网。伴随着跨区直流输电能力的提升，大电网运行特性更加复杂，交直流相互作用、送受端相互影响的特性更加显著，交直流、送受端连锁反应的风险加剧。一旦恶劣天气、外力破坏等因素造成密集输电通道丧失等超出《电力系统安全稳定导则》设防标准的重大故障发生，电力系统可能面临稳定破坏和大面积停电的严重风险。

### 四是关键通道、重要电力设施存在较大安全风险。

特高压密集输电通道走廊宽度窄、线路密度高、输送容量大，目前我国密集输电通道的组成线路全部为 500 千伏及以上的交直流故障线路，在平衡紧张情况下，任意一处故障全停均会造成限电，一旦故障停运可能对电网的安全稳定运行和电力平衡造成严重影响。此外，枢纽变电站（换流站）均布置于野外，分布于不同的地理位置，平原、山谷等地区，极端条件或战时情况下防护难度较大，一旦枢纽变电站（换流站）遭到破坏，将造成全站停电，甚至导致大面积停电或系统瓦解。

### 五是电网气候弹性、安全韧性、调节柔性亟待系统性提升。

当前，极端天气高发频发，强破坏力的气候风险突出；电网形态复合化，"三高双峰"特征明显，持续性扰动风险突出；源荷双侧不确定性变化，对控制手段提出更高要求。提升电网气候弹性、安全韧性、调节柔性，是构建新型电力系统过程中最需要关注的新型电网安全综合风险问题，三者相互关联、相互作用、相互支撑，电网三性是当前发展阶段需要统筹解决的基础性、全局性、普遍性问题。

### 六是基础软件存在短板。

部分电力监控类基础软件仍采用国外产品，一旦基础软件存在安全后门、木马或逻辑炸弹，可能造成保护、控制及通信设备大面积失效或误动作，进而影响电网稳定运行。

### （2）政策机制需求。

### 一是强化风险辨识，动态调整生产组织模式。

针对新涌现的风险和始终存在的传统风险进行综合分析，把电网安全生产管控能力滞后于快速增长风险之处进行辨识，动态调整生产组织模式，建立综合风险意识培训体系，深入各层级开展培训，加快形成新风险意识和应对技能。

### 二是强化履责执行，确保新旧风险应对到位。

安全生产人人有责，做好安全工作，关键在落实责任，把责任制落实作为抓安全生产的硬约束，把"遵守制度、遵从要求、遵照流程"贯穿安全生产全过程，切实把存量风险和新风险管控到位。

### 三是持续强化电网物质基础和人员基层基础，增强风险抵御能力。

坚持安全生产源头防范，把保障安全的链条向规划设计、招标采购、建设施工等前端延伸，优化网架结构，选好选优设备，执行反措要求，从源头提升安全裕度，提高本质安全水平。围绕基层、服务基层、强化基层，瞄准工区关键"单元"、班组最小"细胞"，坚持关口前移、重心下沉，点上发力，面上推进，持续夯实基层基础基本功，以安全生产基本面的有效管控保障公司良好发展局面。

### 四是建立电网气候弹性、安全韧性和调节柔性综合分析逻辑，明确系统性实施策略框架。

针对气候弹性、安全韧性和调节柔性是分析系统安全的"一体三面"，其中，气候弹性是对外部冲击的抵御吸收，安全韧性表示对本体稳定运行的维持，调节柔性是对调节潜力的进一步挖掘，形成"稳内部 - 御外部 - 挖潜力"的逻辑链条，相互支撑提升，建立兼顾内部和外部、统筹当前和长远的三维系统性分析框架，并提出电网"三性"提升的"三个关键"。

"稳内部"是指通过增强本体设备、突破技术瓶颈、强化控制手段、提高管理水平，应对系统运行机理变化、网架形态变化带来的稳定性问题，"稳固的基础"是关键。

"御外部"是指电网对极端天气等外部冲击的抵御吸收，与电源、输电通道等物质资源充足性，以及高标准规划建设等设计层面的超前布局密切相关，"适当的冗余"是关键。

"挖潜力"是指综合利用多种手段，充分挖掘源网荷各环节灵活调节资源，释放潜在的调节能力，"有效的激励"是关键。聚焦不同电网在"三个关键"存在的差异化发展需求，把握好电源、电网、用户、应急、数字技术"五个环节"的功能定位，从技术、设备、管理、市场四要素形成针对性决策建议。

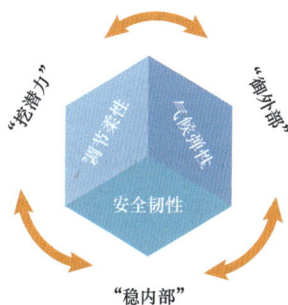

图 4-15 电网气候弹性、安全韧性、调节柔性"一体三面"分析逻辑

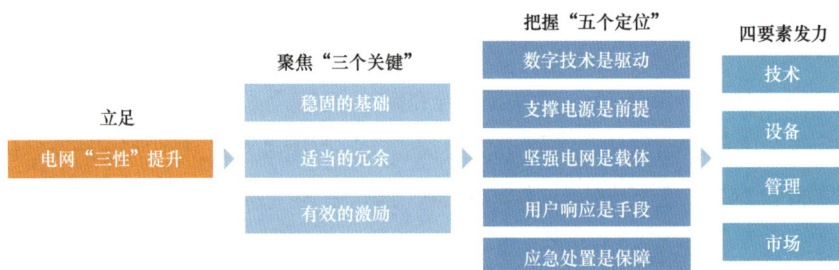

图 4-16　电网三性提升的综合实施策略框架

## 五是强化科技创新对安全保障的能力。

持续推进电力监控系统基础软硬件的国产化替代，坚持核心控制类软件的自主研发，专用安防设备实施定制研发、定点生产、定向销售。融合多专业系统和数据中台信息，推动业务在线化、作业移动化、信息透明化、支撑智能化，提升设备安全管控能力、电网资源配置能力，深挖安全大数据价值，深刻把握安全生产规律，支撑事故苗头和管理漏洞治理。

### 4.4.3　应急协同保障机制

结合近年来极端天气、自然灾害变化趋势，考虑应急灾害数据信息共享、监测预警、协同指挥处置以及协同社会化应急资源等方面，分析多主体应急协同保障情况，加强应急联动处置机制。

### （1）面临挑战分析。

## 一是多主体应急协作能力还需提升。

自然灾害、重大突发事件影响范围大，应急处置紧急复杂，目前还需完善电力与气象、交通、消防、通信、水利等跨行业的应急协同预案、标准和针对性演练，应急管理和处置存在"各自为战"情况。如针对密集通道突发事故，需要加强政府应急、森林草原管理部门等多个单位的协调联动。各方信息获取渠道多样，对各类设施灾损情况、抢修资源及进度等信息共享不够及时准确，容易出现沟通不畅、诉求响应慢等问题。

**二是极端情景应对能力有待提高。**

极端天气和自然灾害发生频次越来越高，已经成为影响电网安全稳定运行的重要因素，部分城市基础设施先行标准规定的运行环境、工况条件不足以有效应对极端情况。在"7·20"河南特大暴雨中，由于城市建设发展导致地形地势发生变化，原设计达到防洪标准的变电站"无形中"降低了标高，部分变电站因此被迫停运。部分北方城市应对极端暴雨的应急预案有待完善，严重内涝问题严峻性、复杂性考虑有待加强。

**三是应急资源投入有待加强。**

复杂突发事件对应急预警响应处置及时性有效性要求更高，需提升应急资源配置和处置能力。用户侧自有电力设备监督管理较为薄弱，部分重要用户未按要求配置或定期维保自备应急电源等问题。如"7·20"河南特大暴雨期间，郑州有部分重要用户未配置应急电源，一些居民小区及用户地下配电房因雨水倒灌停电，导致防汛应急"最后一道防线"未能充分发挥作用。

**（2）政策机制需求。**

**加强政府、企业、社会等的电网应急处置协同，提升多主体应急协作能力。**

电网相关突发事件的社会影响程度增加，要求应急体系实现从保障电网安全向保障经济民生的定位转变，主动嵌入国家和能源电力行业整体应急框架，强化政府-行业-社会共同参与电网应急处置。2022年9月，国网四川省电力公司推动多主体联合作战，深化政企应急协同模式，有效应对"9·5"泸定地震。为提升应急救灾响应能力，四川省政府将涉及应急救援的重点行业纳入能源保供应急体系，并定期开展联合演练。国网四川省电力公司与四川省应急管理厅、四川省消防救援总队签订战略合作协议，共享灾害预警、物资储备、救援力量等应急救灾资源和信息，目前初步形成以政府为主导，发电企业、电网企业、市场主体三方参与的"共保电网安全协调联动机制"。

**充分考虑巨灾等极端突发事件和预案实用性，健全应急预案管理。**

针对极端突发事件，需要强化底线思维的落实，结合自然地理条件、电网结构和用户特点，通过极端情景专项应急预案以及强化培训演练，增强应急预案兜底能力的同时，进一步提升应急人员极端情境下的应急意识和应急能力。"7·20"河南特大暴雨暴露出应急预案实用性不强，存在"上下一般粗"问题，结合电网突发事件特征，进一步完善推广供电所、基层班组现场处置方案和重点岗位应急处置卡，明确关键任务清单及应急流程，提升基层应急预案的实用性。

**深化应急基础创新和技术应用，提升应急监测预警指挥能力。**

构建强有力的应急指挥架构，有效整合多方资源，提升应急高效协作水平。强化应急监测预警能力，有助于灾害链综合监测和风险早期识别预警，实现早响应、早主导，最小化影响破坏。国家电网公司加强新一代应急指挥信息系统建设，统筹各专业资源，加强应急信息化建设和数据整合，推动电网运行、设备状态、用电客户等信息的互联互通和资源共享，提升突发事件应对辅助决策能力，实现资源调配全感知、灾损恢复全实时、现场视频全接入、地图展示全方位，保障电网应急抢险保供电工作高效开展。2022年3月，南方电网公司推出基于人工智能的虚拟数字安监工程师——气象灾害预警数字安监工程师，实现对县级区域气象灾害的全天候监测预警、预警信息智能通知到位、履职情况自动收集确认，有效提升应急信息传递效率、降低人工成本、强化应急管理的穿透性。

**加强电网差异化防灾减灾能力建设，提升源头治理能力。**

按照区域灾害严重程度分级分区优化电网建设标准，落实坚强局部电网建设，力保城市核心区域、关键用户不停电、少停电。2022年5月，国网福建省电力有限公司将城市内涝分布图、山区洪涝分布图与电网灾害监测预警与应急指挥管理系统相耦合，精准定位受洪涝灾害影响的配电线路范围，同时结合线路历史洪涝情况和线路设计情况发布综合预警信息，采用无拉线水泥杆降低倒杆风险、用窄基塔代替水泥杆、优化配电站房设备选型等差异化配置，从源头上提升设备的防灾减灾水平。深圳供电局有限公司持续建设坚强局部电网，从电网网架建设、电源保障、应急处理等方面积极探索，从"电源-电网-用户"三方角度，打造了"防灾-减灾-救灾"的综合保障体系，在沿海强风区新建500千伏线路按100年一遇气象重现期确定设计标准，新建220千伏和110千伏线路按50年确定设计标准。

**加强用户自备应急电源建设，提升重点用户自保自救能力。**

国家已出台相应技术标准和高层民用建筑消防安全管理规定，规范引导重要电力用户科学合理地配置自备应急电源，但受划分标准、管理机制等因素制约，重要用户自备电源配置比例不高，紧急情况下的应急供电能力亟待提升。2022年4月，国家发展改革委发布《电力可靠性管理办法（暂行）》，强调电力用户应配置必要的供电电源和自备应急电源，加强自身系统和设备管理，保障供电可靠性的同时防止对公共电网运行造成安全影响。国家能源局发布的《电力安全生产"十四五"行动计划》指出，推动《重要电力用户供电电源及自备应急电源配置技术规范》升级为国家强制性标准。

（本节撰写人：王旭斌、张琛　审核人：张钧、韩新阳）

**133**

# 4.5  业态模式创新

探索业态模式创新，整合内外部生产要素，激发市场主体活力，促进参与主体协同发展，是实现新型电力系统价值创造、生态圈共建共享共赢的有效途径。

源网荷储各环节为系统调节能力提供贡献，产业端涌现了实现价值共创共享的各类商业模式。成熟的商业模式可实现商业主体可盈利、参与用户可收益、系统调节手段多样化，是促进源网荷储协同互动的重要支撑。随着电力市场改革不断推进、电力数智化水平不断提升，以虚拟电厂为代表的电力市场参与模式、以电动汽车为代表的可调节负荷与电网互动模式、以共享储能为代表的资源利用模式，成为新型电力系统业态模式创新的热点。

### 4.5.1  虚拟电厂

虚拟电厂是聚合优化源 - 网 - 荷清洁发展的新一代智能控制技术和互动商业模式，将分散、小规模的需求侧可调节资源聚合，形成规模和投资效益更具竞争力的市场参与主体。

该模式能够在传统电网物理架构上，依托互联网和现代信息通信技术，把分布式电源、储能、负荷等分散在电网的各类资源相聚合，进行协同优化运行控制和市场交易，实现电源侧的多能互补、负荷侧的灵活互动，对电网提供调峰、调频、备用等辅助服务，为分布式清洁能源高效利用提供了可行方案。据测算，通过火电厂实现电力系统削峰填谷，满足 5% 的峰值负荷需要投资 4000 亿元，而通过虚拟电厂，在建设、运营、激励等环节投资仅需 500 亿～ 600 亿元，既满足环保要求，又降低投入成本。

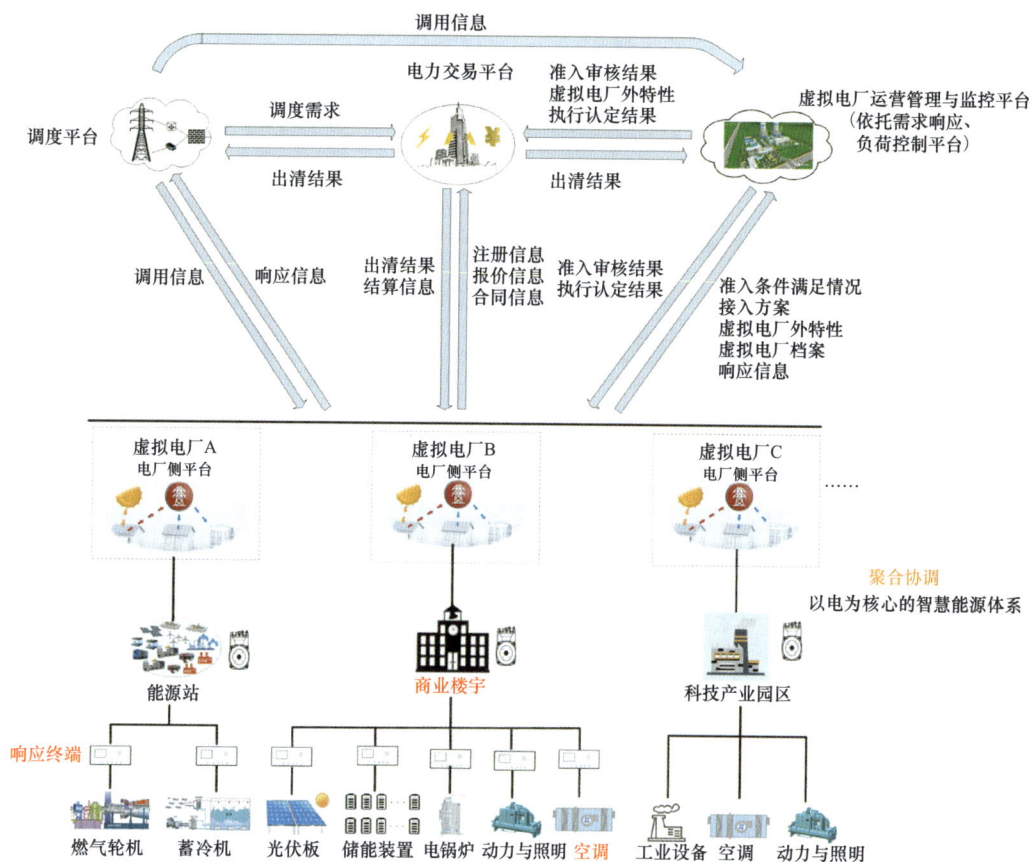

图 4-17　虚拟电厂模式示意

　　虚拟电厂的实施主体既可以是园区、楼宇等物理实体，也可以由中心化的代理商整合不同地区的资源形成聚合体。对虚拟电厂运营企业而言，以电力体制改革（售电侧放开和电力现货交易）为商业环境，以内部市场交易规则和协议为纽带，以独立实体为经营主体，通过参与电力辅助服务市场、电力现货市场、清洁能源配额制交易、电力需求侧管理等手段，将电网系统的综合效益需求传导至虚拟电厂的经营策略之中。目前主要有如下四种收益形式.

### 参与电力辅助服务市场

　　随着电力辅助服务市场的完善，虚拟电厂可作为市场主体参与获利。虚拟电厂在辅助服务市场上报理论发电曲线，在市场存在需求时通过竞价参与调峰，降低整体发电曲线，获得辅助服务补偿收益。

**参与电力现货市场**

若现货市场存在购电需求，虚拟电厂在内部发电大于用电需求时，以富余电力参与现货市场交易获利。

**开展清洁能源消纳配额效益**

虚拟电厂在完成清洁能源消纳配额指标后，可将额外完成的消纳电量放入市场进行交易获利。

**协助电力用户参与电力需求侧响应**

虚拟电厂内部电力用户可参与电力需求侧管理，在电力供需紧张时段，通过协调内部储能、电源，优化用户负荷曲线，协助其在电力需求侧响应中获利。当前国内的虚拟电厂试点主要聚合局部电网的分布式电源，以及商业楼宇空调、电动汽车等柔性负荷，参与电力市场及电网调节，提升局部电网的灵活性。德国虚拟电厂运营商 Next Kraftwerke 则打破地理限制，整合分布式资源，实现资源接入、数据交互、运行控制和电力交易全套代理服务，参与电网调节。

**虚拟电厂在我国仍处于发展初期，在政策、市场、标准、商业模式等方面仍有待探索完善。**

**政策规定方面**　未在虚拟电厂的范畴边界和权责利等方面进行明确，政产研各界提出虚拟电厂的概念定义存在差异，对于虚拟电厂应承担的责任、义务也缺乏偏差考核、结算方式等细则。

**市场机制方面**　虽然当前已明确虚拟电厂参与辅助服务市场的主体地位，解除了参与电网调节的准入限制，但由于聚合资源的多元性，作为市场主体的定位仍不明确，参与方式有待探索。

**技术标准方面**　缺乏统一的建设标准和明确的并网调度规程，导致建设成本高、安全风险大、并网调度难。

运营
模式方面

市场规模较小、模式有待创新，难以体现响应资源的稀缺价值，导致运营商、用户参与度低。

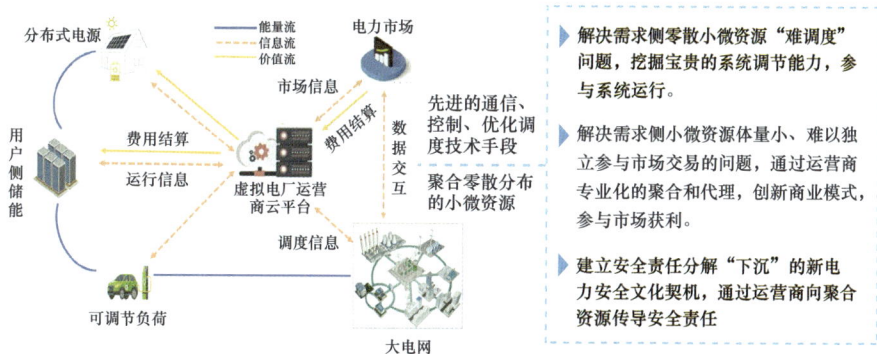

- 解决需求侧零散小微资源"难调度"问题，挖掘宝贵的系统调节能力，参与系统运行。
- 解决需求侧小微资源体量小、难以独立参与市场交易的问题，通过运营商专业化的聚合和代理，创新商业模式，参与市场获利。
- 建立安全责任分解"下沉"的新电力安全文化契机，通过运营商向聚合资源传导安全责任

图 4-18　虚拟电厂技术架构及应用现状

冀北虚拟电厂于 2019 年投入运行，全程参与华北调峰辅助服务市场。目前接入总容量达到 35.8 万千瓦，最大调节能力达到 24 万千瓦，覆盖范围包括张家口、秦皇岛、承德、廊坊、唐山。自 2019 年起，已在线连续提供调峰服务超过 3200 小时，累计消纳新能源电量 3412 万千瓦时，度电收益 0.183 元，运营商和用户总收益 624.2 万元。其中，虚拟电厂运营商收益 395.95 万元，用户收益 228.25 万元。

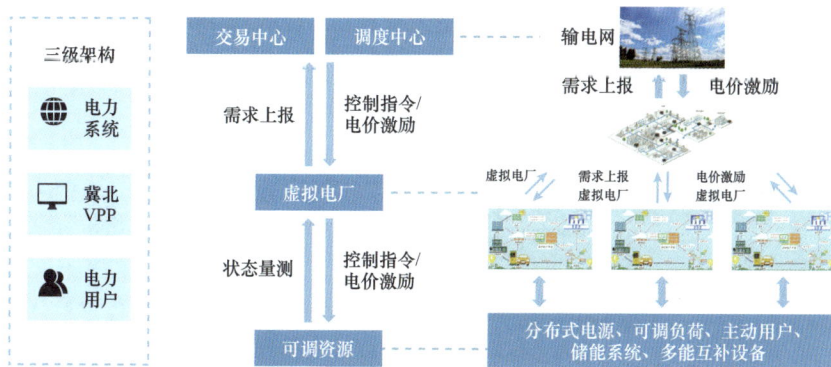

图 4-19　冀北虚拟电厂架构

南方电网区域级虚拟电厂（分布式源荷聚合服务平台）在 2023 年 6 月投入运行，可开展多功能联合调控，在多省区同步实现了调频、直控等快速响应。区域级虚拟电厂可实现大范围、多资源参与直控型需求响应、二次调频辅助服务等新突破，响应能力已基本接近实体电厂，可有效节约容量投资，降低发电成本、阻塞成本和辅助服务成本。同时，面向用户提供数字代维、智慧能管、市场交易等用能服务。目前，该平台已聚合广东、广西新型储能、电动汽车充换电设施、分布式光伏、非生产性空调、风光储充微电网等各类分布式资源，聚合分布式资源规模 1075.1 万千瓦，其中，可调节能力 153.2 万千瓦，相当于投产 7 座 220 千伏变电站。

### 4.5.2 车网互动

新能源汽车（电动汽车占比超过 90%，一般以电动汽车为主进行分析）充电负荷在时间上和空间上都具备较好的转移能力，通过充电服务商的聚合管理，也能充分调动充电负荷参与电网调节的能力。充电服务商即可提供智能有序充电功能，也可与虚拟电厂一样，聚合充电负荷参与电网调节。基于智能、可联网充电桩的普及，充电服务商在软件层面即可提供调节功率、智能表计等功能，市场成熟后也可转型虚拟电厂，或由更大规模的虚拟电厂托管提供代理购电、充放电控制、辅助服务市场参与等全套服务。

**充电负荷可以在两个层面与电网开展协同互动：**

**一** **有序充电**，通过智能有序充电桩，在高电价时段调低充电功率，在低电价时段调高充电功率，或响应电网需求，随时调节充电功率，开展需求响应或辅助服务。

**二** V2G（**充放电**，Vehicle to Grid），在有序充电基础上，进一步实现车载向电网送电，发挥储能作用。

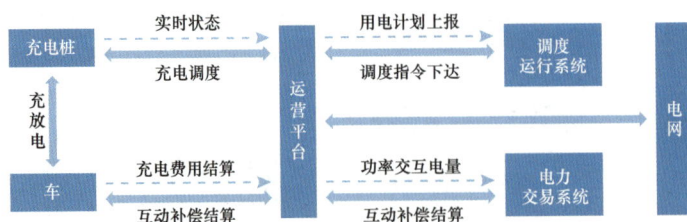

图 4-20 车网互动参与电网调节方式

**推广智能有序充电桩已初步具备条件，需要统一标准、普及相关功能。**

- 一是峰谷电价政策已初步验证了充电负荷的可调节能力，在执行峰谷电价的地区，午间和晚间充电负荷显著降低，一部分用户转移至夜间充电。

- 二是功能实现相对便利，多地试点验证，有序充电功能简单易推广，目前欠缺条件主要在于各品牌间、充电桩与电网间缺乏统一标准。

- 三是用户有获益空间，用户通过自主设置充电时间，或交给运营商控制，均可兼顾按需充电和获取响应补贴，当前已有多种试点方式验证了盈利前景。

**当前主流车型和充电桩不具备 V2G 功能，需要硬件升级，虽然升级成本小于单独部署储能的成本，但实现 V2G 在多个环节的额外成本仍有待验证。**

- 一是组织聚合成本，车载动力电池总规模大，但单台车辆电池容量小且极为分散，可获取容量不确定，相较于一些固定式电化学储能，组织协调成本较高。

- 二是用户激励成本，公众对电池衰减、充放电安全性、行驶里程缩短等存有顾虑，也担心影响用车便利性，用户参与意愿需要的激励成本，有待市场检验。

- 三是硬件普及成本，在当前收益机制和用户参与意愿不明朗的前提下，车企、充电桩企业没有在新款型号上配置 V2G 功能的商业动力，而车、桩的使用年限较长，进一步推高了 V2G 的普及成本。

- 四是配网升级成本，现有配电网的继电保护、运行监测体系不能完全支撑大规模用户的倒送电，对配电网末端的"可观可测"程度不高，难以有效监测、管控用户充放电，检修操作、事故处理也存在一定的安全隐患。

国网智慧车联网平台是全球技术最先进、标准最统一、覆盖面最广的智慧车联网平台。截至 2022 年底，平台接入充电桩规模超中国充电桩保有量的 30%，注册用户数达 1678 万，平台服务充电量累计达 81 亿千瓦时，完成 10 个省(市)绿电交易电量 52.5 亿千瓦时，累计助力减排二氧化碳 748.23 万吨。2022 年，联合特来电等 24 家充电运营商在浙江、湖北、重庆等地区，聚合 5107 个充电桩，调动 53.9 万用户参与迎峰度夏电力保供，充电功率平均降幅超 15%，削峰电量超 64 万千瓦时。

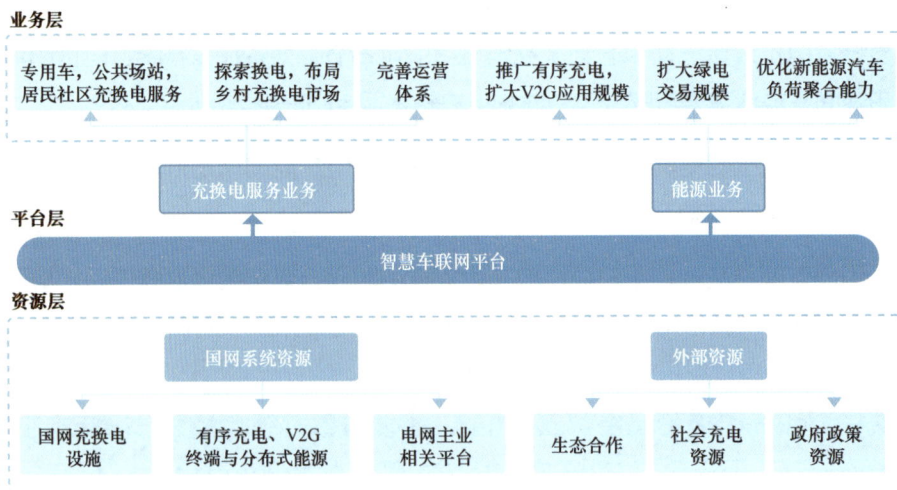

图 4-21　国网智慧车联网平台业务体系

2019 年以来，华北地区搭建负荷聚合系统、有序充电系统、有序充电桩三级有序充电、负荷调控体系，覆盖用户 7000 人，累计完成社区充电 31 万次，其中，有序充电订单 13 万次，社区个人桩用户接受有序充电（需求响应）订单比例超 40%。

2019 年以来，上海持续开展电动汽车充电负荷参与需求响应试点。参与类型包含公桩（运营场站）、换电站和私桩，其中，公桩包括国网电动、蔚来、特来电、星星充电、普天、依威能源、小桔充电等运营场站，同时参与削峰和填谷两种不同类型需求响应；换电站主要为蔚来与奥动，参与换电站约 80 余个，同时参与削峰和填谷；私桩主要参与凌晨的填谷响应，约 1500 根蔚来汽车车主联网的私桩参与填谷。

### 4.5.3　共享储能

**依托信息互联与电力交易平台，共享储能模式串联起了点多面广的分布式新能源调节需求与高投资效率的集中式储能场站，充分释放储能主体调节潜力。**区别于单个发电站独享储能的 1 对 1 模式，共享储能是指集中式大型独立储能电站，除了满足自身电站需求外，以 1 对 N 形式为其他新能源电站提供服务；电站通过双边协商、双边竞价及单边调用等模式参与电力交易，降低新能源场站弃电量，并参与电力辅助服务市场。可以将独立分散的电源侧、电网侧、用户侧储能资源进行整合，并交由电网进行统一协调，推动源、网、荷各端储能能力全面释放，提高储能资源利用率。部分学者研究认为，共享储能可节省 2.6% ~ 8.8% 的系统成本[26-28]，可节省投资成本 18.6% ~ 33.5%，峰谷价差对于共享储能的投资决策具有显著影响，峰谷电价比较大的地区更适合共享储能的投资运营，可以更充分地发挥储能利用峰谷价差套利的价值。

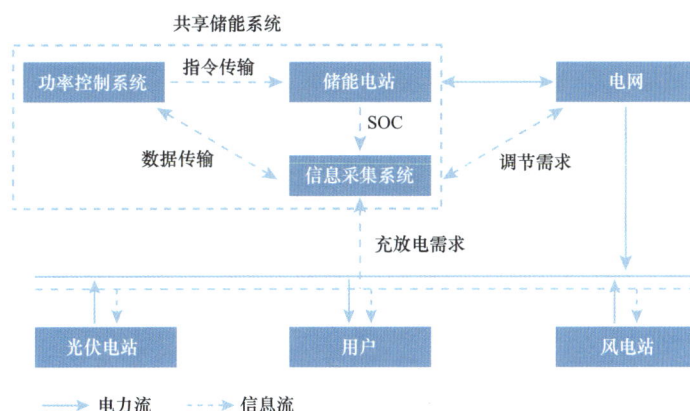

图 4-22　共享储能模式示意

**共享储能具备建设模式规范化、集约化的优势。**共享储能通过集中式统一建设，便于对建设标准、设备参数、安全性能规范管理，有效减少新能源自配储能设备质量参差不齐、技术性能难以保证、安全隐患风险较大等问题，且电站规模多在百兆瓦级及以上、配置时长不低于 2 小时，有助于电网调度管理。规模化采购储能设备和建设施工，可降低储能电站成本，减小项目建设初期投资压力和未来运营风险。共享储能的优势在于灵活的"共享性"，由于不再需要每个光伏电站都加装储能设施，经电网调控，储能电站可以和周边多个光伏电站进行交易，实现多元化应用，不仅具有成本优势，还可通过充分利用多个新能源场站发电的时空互补特性，降低全网储能配置容量。随着技术进步叠加规模效应，共享储能度电成本在"十五五"期间将接近抽水蓄能水平。

**当前共享储能的电价机制仍不明朗，建立可持续的商业运营模式，是共享储能模式推广应用的关键。**我国辅助服务市场仍需完善，现阶段部分地区辅助服务需求较低，共享储能通过辅助服务获得的收益无法覆盖投资成本。整体来看，当前共享储能经济效益较差，业务前景存在不确定性。当前从实际运行来看，参与辅助服务市场化交易的成交量极低，仍依靠电网统一调度按电量结算作为收入。共享储能仍需在市场需求规模化后，通过向新能源企业收取租金，参与各类电力市场获取相应收入，用于弥补运行成本，提升项目经济性。

　　青海在全国率先将共享储能电站作为独立主体纳入电力辅助服务市场，提出调峰辅助服务交易和电网调用两种运营模式。截至 2021 年底，青海实现共享储能并网容量 8.2 万千瓦，主要为大基地新能源调峰服务。当出现弃风弃光时，首先由新能源场站与共享储能电站进行双边协商，达成辅助服务交易时段、电量及价格等内容，储能享受辅助服务价格，新能源享受上网电价与辅助服务价差；若协商不成，则在共享储能交易平台进行集中竞价、撮合成交。若在辅助服务市场交易结束后还有调峰需求且储能电站容量尚未用尽，则由电网直接调用储能进行调峰，按 0.7 元 / 千瓦时进行补偿。此外，青海共享储能利用区块链技术的特性，将其引入共享储能辅助服务交易，打造了基于区块链的共享储能应用平台，保证了交易数据的安全性、透明性和公信力。2023 年 10 月，青海发展改革委指出，以"统一规划、统一建设、统一调度、统一运行"的创新模式，首批建设 6 座 20 万千瓦级电化学共享储能电站。

　　山东共享储能除容量租赁以外，依托电力现货市场提出了峰谷价差套利和容量补偿两种运营模式。在现货市场中，储能采用自调度模式，在日前申报充放电曲线，利用现货市场峰谷价差套利。为保证系统容量充裕性，山东还探索容量补偿机制，向市场化用户按 0.0991 元 / 千瓦时收取费用形成资金池，除对火电等常规容量支撑电源给予补偿外，独立储能也同样被纳入补偿范围。2023 年 10 月，山东庆云共享储能电站二期示范项目全面投入商业运行，总规模 301 兆瓦 /602 兆瓦时，首期建设 100 兆瓦 /200 兆瓦时储能系统已于 2021 年底并网投产。

（本节撰写人：吴洲洋、刘卓然、王轶楠　审核人：代贤忠、靳晓凌）

# 5

典型国家和地区
电力系统转型探索

化石能源支撑了全球 80% 以上的经济社会活动，推动能源转型是世界各个国家和地区面临的重大命题。当前，全球已有超过 60 个国家和地区制定了可再生能源发展目标，积极推进电网转型和发展。但各国能源资源禀赋、地理位置、国土面积、能源电力基础、用能需求特性、经济发展形势、体制机制等方面均存在诸多差异，所制定的能源战略、目标和路径本土化特色浓重，相关举措针对性较强。本章从源网荷储协同发展、技术创新、政策机制等维度，分析典型国家和地区电力系统转型实践，为我国电力发展提供借鉴。

# 5.1 美国——实现 100% 清洁发电的多场景电力系统发展规划

### 5.1.1 转型背景

从资源禀赋看，美国油气资源丰富，页岩革命后油气产量快速增长，已经成为世界第一大油气生产国。地理位置来看，其两个陆上邻国（加拿大和墨西哥）均不是能源大国，能源供应一旦出现问题，难以从邻国获得援助。从能源消费看，2022 年美国化石能源消费占比达到 79%[29]，化石能源消费基本上自给自足，能源供需总体平衡。

美国大力推动 CCUS 发展，在 CCUS 部署方面处于全球领先地位，2020 年 4 月，美国能源部确定提供 1.31 亿美元资助多个 CCUS 研发项目。2021 年 8 月，田纳西河流域管理局（TVA）公布将在 2035 年前用天然气和小型堆发电逐步取代煤电的计划[30]。TVA 已使用核能、天然气和可再生能源组合取代了退役的煤电设施，在短期依靠天然气发电来提高供电可靠性，长期扩大可再生能源规模。该机构还计划在亚拉巴马州和肯塔基州的部分退役煤电厂厂址建设更多低排放天然气发电厂。

在此基础上，美国将持续以化石能源（天然气为主）作为转型的支撑保障，重点探索能源清洁化利用路径。

### 5.1.2 重点举措

（1）持续加强对发展清洁能源的政策引导和资金扶持。

2022 年 8 月和 11 月，美国先后通过了《降低通胀法》和《两党基础设施法案》，均提出了针对清洁能源发展的举措。其中，《通胀消减法案》预计为应对国家能源安全和全球变暖支出 3690 亿美元，《两党基础设施法案》提出白宫拨款 130 亿美元用于美国电网的现代化，其中，105 亿美元用于解决极端天气和气候变化带来的电力安全问题，25 亿美元用于新建输电线路。同时，美国 2022 年在清洁能源发电项目（包括可再生能源、能效提升、天然气、分布式能源、储能、电动汽车等）上产生了 1410 亿美元的融资，储能总装机容量也达到 11.4 吉瓦，均创造历史新高。各地的公用事业也都开始在资源规划中将储能技术纳入考量，提升电力系统的灵活性。美国能源部政策办公室于 2023 年 5 月公布了面向 100% 清洁发电的十项具体举措。

表 5-1  美国面向 100% 清洁发电的十项举措

| 序号 | 面向 100% 清洁发电的十项举措 |
|---|---|
| 一 | 维持现有的清洁能源发电与储能设施，并适当提升可调节能力 |
| 二 | 加速研究清洁能源与储能技术，包括风能、太阳能、核电、碳捕集等 |
| 三 | 提升清洁能源、储能与碳捕集技术手段的多样性 |
| 四 | 加强输配电、电力通信、清洁能源储运等基础设施的规划部署 |
| 五 | 积极补贴弱势群体及传统能源行业，确保 100% 清洁能源收益公平分配 |
| 六 | 面向 100% 清洁电网加强规划、运行与市场化改革 |
| 七 | 确保新技术与新风险涌现下的电网弹性、网络安全等系统安全稳定特性 |
| 八 | 大幅度加速用电能效与需求侧灵活性提升 |
| 九 | 加强本土制造能力，提升供应链的灵活可持续能力 |
| 十 | 公平地扩大美国清洁能源相关就业机会 |

（2）以 2035 年实现美国 100% 清洁能源电力为目标形成四种典型情景规划方案。

**一是全手段应用情景**（All Options）[31]，假定所有可用于经济高效降碳的技术手段均能够得到应用，包括碳捕集技术（其余三种情景假定碳捕集没有达到大规模应用水平）。

**二是基建加强情景**（Infrastructure Renaissance），假定发电、输电容量均得到充分升级。

**三是基建受限情景**（Constrained），假定发电、输电能力的建设受到一定限制。

**四是无碳捕集情景** 假定碳捕集技术始终不具备经济性，此情景下到 2035 年将不存在化石燃料发电和电力系统的温室气体排放。

表 5-2  四种情景的核心假设

| 情景 | 假设 | | | | |
|---|---|---|---|---|---|
| | 可再生资源 | 碳捕集技术 | 输电 | 核能 | 其他基础设施 |
| 全手段应用 | — | 碳捕集与封存技术（CCS）与直接空气碳捕集技术（DAC）均得到应用 | 跨区交流输电 | — | — |
| 基建加强 | | | 高压直流大电网 | | 氢气、二氧化碳、生物质的运输和储存成本较低 |
| 基建受限 | 可用于风能、太阳能和生物质能的土地减少 | 不应用 DAC | 不考虑跨区输电 | 在有现行法律限制的地区不被允许 | 氢气、二氧化碳、生物质的运输和储存成本较高 |
| 无碳捕集 | — | CCS、DAC 均不应用 | — | — | — |

风能、太阳能等新能源是能源清洁转型的必然选择。

> 全部 4 种情景都需要以风能和太阳能提供大部分（60%～80%）的电量。到 2035 年，总体发电量容量将增长为 2020 年的 3 倍，其中，风能、太阳能总量为 20 亿千瓦，需要的年均增长量为当前的 4 倍以上。同时，还需要部署 5000 万～8000 万千瓦的水电，3000 万～5000 万千瓦的地热发电。

从建设要素看，美国脱碳路径的核心要素是大幅提升输电容量和发展清洁能源。

> 所有 4 种情景均需要建设大量输电设施，从而将风力发电输送到东部负荷中心，输电能力将达到 2020 年的 1.3～2.9 倍。而在基建受限情景中，则需要引入更多的核电来解决发、输电容量限制问题，2030 — 2035 年之间将新建 2 亿千瓦的核电。

从经济性上看，季节性储能、碳捕集等新技术的应用在不同的情景假设中差异较大。

> 在无碳捕集情景下，对季节性储能的需求大幅提升。季节性储能以氢能为代表（绿氢存储 + 氢燃气轮机发电），储氢手段较多，包括合成天然气和氨，发电技术也可能涉及燃料电池。但要达到设想中的储氢规模，都需要伴随储存、运输、管网等大量基础设施的建设，以及发电、绿电制氢设备的建设，大幅提高系统成本。

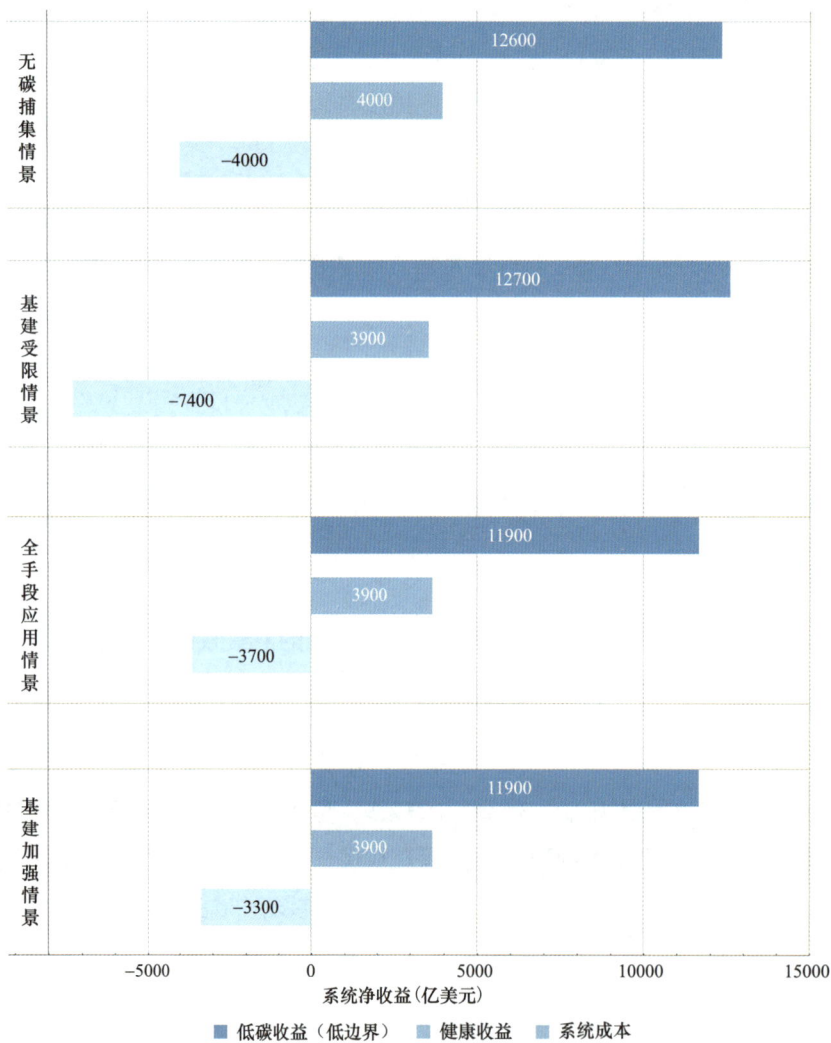

图 5-1　四种情景下的系统净收益

针对四种情景下核算的系统净收益，以及能源规划格局，系统成本作为负收益考虑，健康收益参考 2020 年发电厂排放导致周边居民死亡的案例造成的经济影响，低碳收益则采用跨部门温室气体社会成本工作组（Interagency Working Group on Social Cost of Greenhouse Gases）的测算，2020 年约为 80 美元 / 吨，2035 年增加到 100 美元 / 吨。对比四种情景下的规划格局，基建加强情境下电网输送容量得到了最大程度的建设，满足了全国范围内跨区电力传输的需求，并按照自然环境因素部署风电、光伏；全手段应用情境下，在碳捕集技术、电网容量综合应用下，风电、光伏开发规模可适当降低；基建受限情景下，需要大量建设核电来满足清洁能源需求，大大增加了系统成本；无碳捕集情境下，则需要大量应用绿氢来解决清洁能源运输问题，在西南部形成了光伏制氢基地。

## 5.1.3　发展经验

**一是政府激励措施效果显著，需重视政策引导作用。**

联邦激励措施和强大的融资能力预计将继续推动美国电力系统清洁低碳转型和产业升级。例如，《通胀削减法案》实施后，可再生能源生产和制造业的投资税收抵免将带来积极影响。

**二是加强演进场景推演评估，细化电力系统规划格局。**

美国结合转型发展可能面临的关键问题，对主要演进场景进行系统性推演评估，为电力系统转型发展提供了多种方案和措施，并进行了综合效益比选评估，有效应对转型过程中可能出现的问题，支撑美国稳步迈向 100% 清洁电力。

（本节撰写人：吴洲洋、张琛　审核人：韩新阳、吴丹曼）

## 5.2 欧洲——面向碳中和电力系统的体系化转型策略

### 5.2.1 转型背景

欧洲煤炭与油气对外依存度较高，乌克兰危机促使欧盟紧急减少对俄罗斯天然气进口，并加速可再生能源的部署，预计 2023 年和 2024 年可再生能源新增规模比战前增加 40%，进一步摆脱对俄化石能源的依赖。但从现实情况来看，化石能源仍然是主要的电力来源。据欧盟统计局数据，2022 年欧盟的核能和天然气供应量较 2021 年急剧下降，但煤炭和石油等化石能源供应量保持增长[32,33]。化石能源再次超过可再生能源成为主要电力来源。

欧洲既要降低化石能源的对外依存度，提高能源安全水平，同时还要发展新能源，促进绿色清洁转型，其电力系统转型形势较为严峻。现阶段欧洲着眼于以电为核心的转型，并聚焦海上风电的大规模发展。

### 5.2.2 重点举措

（1）以电力作为碳减排的主要能源载体，体系化布局电力系统转型。2022 年 10 月，ENTSO-E 发布《A Power System for a Carbon Neutral Europe》，认为碳中和经济中电力将成为主要和最高效的能源载体。

欧洲面向碳中和的电力系统需要重点在四个方面发力：能源系统灵活性提升、复杂电网安全高效运行、能源基础设施投资建设、面向碳中和的电力市场设计。

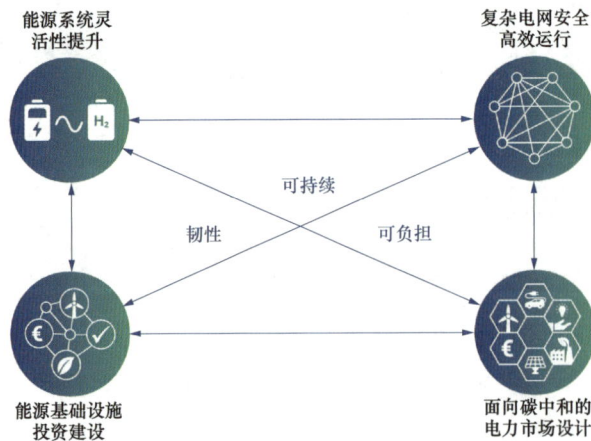

图 5-2　欧洲面向碳中和的电力系统转型策略

## 能源系统灵活性提升

　　碳中和电力系统对气候环境高度敏感，供需双侧不确定性提高，需要大规模多时间尺度灵活调节资源。短时灵活调节资源（时间尺度从毫秒至小时）主要由需求侧调节资源（如可参与调节的用户和电动汽车）提供，长时灵活调节资源（时间尺度长达数周）主要由可调节水电和氢能提供。

## 复杂电网安全高效运行

　　电网复杂性空前增长情况下，运营商需要提升系统状态实时监测的精细程度，利用自动化和人工智能技术优化管理电网；充分利用电力电子器件的可控性来调节支撑新能源。未来欧洲能源系统将更加依赖电力系统，需要新的风险分析方法，并加强多行业间协同，提升系统安全韧性。

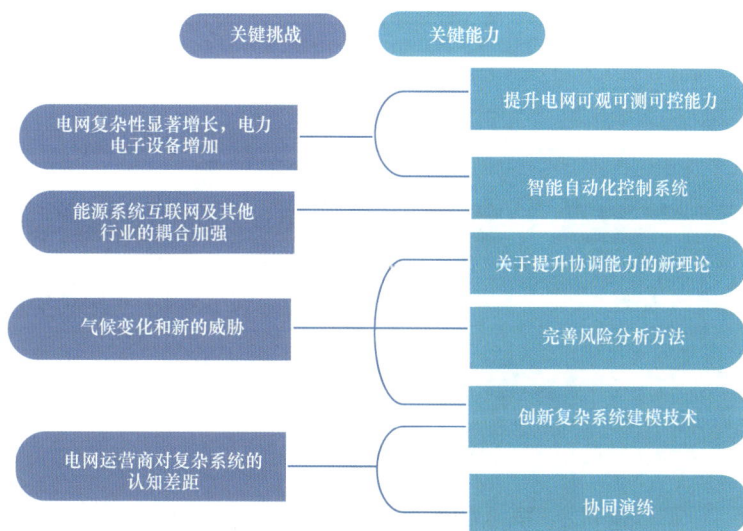

| 关键挑战 | 关键能力 |
| --- | --- |
| 电网复杂性显著增长，电力电子设备增加 | 提升电网可观可测可控能力 |
| | 智能自动化控制系统 |
| 能源系统互联网及其他行业的耦合加强 | 关于提升协调能力的新理论 |
| 气候变化和新的威胁 | 完善风险分析方法 |
| | 创新复杂系统建模技术 |
| 电网运营商对复杂系统的认知差距 | 协同演练 |

图 5-3　未来电网的运行的关键挑战和能力建设

### 能源基础设施投资建设

　　未来欧洲需要对能源基础设施进行大量投资，包括发电、灵活性资源和电网，尤其电网的投资建设将是实现能源安全、可靠、及时转型的关键。能源一体化规划需要考虑不同空间、不同行业间的影响，实现体系化的转型。输电网将是未来能源系统的基石，通过输电网互联不同国家及地区的发电及调节资源，能够更大范围实现区域盈缺互济。针对规模化可再生能源的接入，需要简化和加快许可程序，确保能源基础设施及时投运。

### 面向碳中和的电力市场设计

　　通过有效的长时投资信号，引导可再生能源、灵活调节资源和电网发展必要的投资；通过短时价格信号，激励资源的高效调度，引导需求侧响应，同时激发整个能源系统在时间、空间和行业协同层面上的灵活性；通过辅助服务和阻塞管理，促进电网稳定可靠运行。

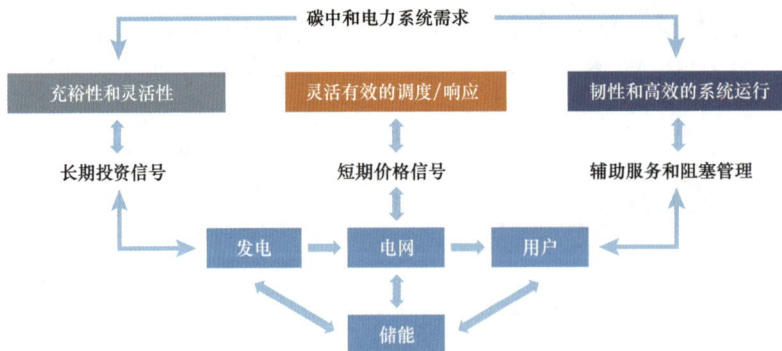

图 5-4　面向碳中和电力系统市场设计思路

**（2）加快新建海上风电项目建设及并网，提前部署相关支撑技术。**

2023 年 4 月，欧洲风能协会发布《Offshore Grids: the next frontier》，提出欧洲各国须制定政策加快推动海上风电建设，以实现 2030 年发展目标。目前，从点对点互联到海上混合电网项目，发展到海上电网系统，所需的清洁能源传输技术已经成熟，需协调各国制定整体性实施策略。此外，实现海上电网系统将带来诸多社会和经济效益，例如提高基础设施利用率、改善电力供需匹配能力等。

**（3）全面改革电力市场，减少价格波动对用户的影响。**

2023 年 3 月 14 日，欧盟委员会提出了欧洲电力市场改革草案，在经历数次谈判后，欧盟拟实行以下改革举措：

**一是**推进购电协议和双向差价合约应用，增加非化石能源长期合同，改善中长期市场的流动性，并通过固定价格来平抑远期电价波动，同时为可再生能源的投资建设提供支持。

**二是**进一步开发需求侧响应、储能等资源，以提高紧急情况下的系统灵活性，鼓励用户在储能侧参与市场等。

**三是**修改容量市场规则，降低低碳发电机组获取补贴时的碳排放限值，保证低碳发电机组可获得容量电价补偿，推进灵活性资源进入容量市场。

**四是**丰富消费者保护措施，包括但不仅限于给予消费者自由选择供应商的权力、允许消费者签订多份长期合同、紧急情况下对零售电价的管控和建立"最后供应商"体系来兜底发电等。

### 5.2.3 发展经验

**一是** **完善产业发展顶层设计，把握发展节奏。**

综合考虑海洋风能资源禀赋和能源供求状况，根据海上风电产业的发展规律，科学设定海上风电发展规模，合理布局海上风电场，着力提升技术水平，推进海上风电与电网系统一体化发展，促进与其他海洋产业融合。

**二是** **更好发挥政府作用，引导重点措施落地推广。**

加强政策支持与引导，充分发挥标准制定、技术研发、环保要求、运营手段、管理制度等的先导作用，妥善处理发展过程中多主体、多机制的协同难题，保障社会效益和经济效益的有效提升。

（本节撰写人：张幸　审核人：靳晓凌、韩新阳）

**153**

# 5.3 澳大利亚——高比例新能源电力系统转型策略

### 5.3.1 转型背景

澳大利亚拥有丰富的自然资源，其中，能源资源占据了重要位置，是煤炭、天然气和铀等的出产大国。澳大利亚政府和各州的目标是在 2050 年实现净零排放。现阶段政策目标是 2030 年排放量在 2005 年水平上减少 43%[34]。这要求澳大利亚国家电力市场的电力供应 2030 年要实现 82% 来源于可再生资源，批发电力市场在 2042 年实现用可再生能源提供 90% 以上的电力。21 世纪中叶，澳大利亚所有煤电都将退出电力市场。

2019 年以来，澳大利亚能源市场运营机构（Australian Energy Market Operator，AEMO）和业界各方进行多轮咨询后，于 2020 年 7 月发布了《国家电网整合规划报告》。2022 年，澳大利亚制定了《2022 年气候变化法案》，将 2030 年全澳减少排放量 43%（相较于 2005 年水平）以及 2050 年全澳实现净零排放等目标写入联邦立法法案；对总计 200 亿澳元的"重塑澳洲电网"（Rewiring the Nation）投资计划实施立法，并与新州、维州、塔州就有关重要新能源基础设施项目达成资金拨付协议；明确海上风电开发路线，划定了维州吉普斯兰和新州亨特地区作为海上风电开发区。为进一步促进电力系统绿色转型，澳大利亚更新了 2050 净零规划，该规划将主要涉及电力与能源、工业、建筑业、农业与土地、交通运输业以及资源行业六个方面。

当前，澳大利亚减排目标任务日益紧迫，需重点关注可再生能源项目稳定并网、新建输配电项目投运等问题，在这一关键阶段，强化电网改造升级、优化管理体制机制、推动新技术创新应用是核心举措。

### 5.3.2 重点举措

**一是基于构网型变流器技术的储能电站，提升电网稳定性。**

澳大利亚基于构网型变流器技术的储能电站向电网注入虚拟惯量，为电网提供稳定性服务，解决高比例新能源并网带来的电网稳定性和新能源消纳的问题。2022 年 7 月 27 日，特斯拉完成了澳大利亚的 Hornsdale Power Reserve 电化学储能系统变流器技术的升级。至此，150 兆瓦/193.5 兆瓦时的储能系统全部应用了特斯拉的构网型变流器及虚拟同步控制技术。基于构网型变流器技术，储能电站将向南澳大利亚州电网提供大约 2000 兆瓦秒的虚拟惯量，为电网注入稳定性的同时还可以赚取服务收益。

**二是并网管理高度开放透明，为主体提供平等并网机会。**

　　国家电力市场的并网申请流程由 AEMO 配合当地电网公司联合完成，其中，技术审核环节统一由 AEMO 按照国家电力法规相关技术要求主导完成。并网申请单位可以直接对接 AEMO 和项目所在州的电网公司，只要并网点有足够并网容量（或者通过升级满足容量要求），并满足 AEMO 的并网技术标准，就能够获得并网许可。

**三是虚拟电厂参与电力市场试点运行，持续丰富市场主体。**

　　注册试点运行的虚拟电厂参加实时电力市场归类于非调度安排电源，接受实时电能量价格，并不需要竞价上网。AEMO 依据虚拟电厂上传的运行数据预测其发用电量，作为电力供需平衡的边界条件。参与用电侧电能量交易的售电公司代理用户进行结算，按照用户电量和实时电价缴纳电费。在用户向电网输入净电量时段，售电公司获得"负"负荷收入，以降低用户电费。

**四是推动超低成本光伏发电技术应用，有效降低重点行业碳排放。**

　　澳大利亚一直处于光伏发电技术创新前沿。过去十年，本土创新和规模扩大使澳大利亚光伏发电成本降低了 85%，目前光伏发电量约占其发电总量的 15%。超低成本光伏发电助力澳大利亚向邻国出口电力，并支持工业和交通等难减排行业脱碳。通过工业过程电气化、绿氢和合成燃料的生产来取代化石燃料，减少工业、交通行业的碳排放。通过大幅降低制造过程中的可再生能源电力成本，绿氢生产成本低于 2 澳元 / 公斤，使澳大利亚成为可再生能源超级大国。

### 5.3.3 发展经验

**一是电力市场化改革需要政府科学引导。**

澳大利亚的电改经验表明，政府的强力推动，是坚定电力改革方向和实现既定目标的有力保障。在澳大利亚刚开始进行电力市场化改革时，面对着诸多的争论和疑虑，对传统的垄断行业实施结构重组时面临着强势利益集团的阻力；在改革取得一定成果时，深化改革又面临着新利益集团的阻碍；在建设电力市场过程中，也面临着利益调整、价格波动、系统安全等各方面的压力。在电改推进过程中，澳大利亚政府的科学引导，使电力工业成为保障国家安全、经济繁荣和可持续发展的基础。

**二是需要明确电力监管机构职责。**

电力法律体系中应明定电力监督、管理部门的职责权限。澳大利亚的澳洲能源监管局（Australia Energy Regulator，AER）、澳洲能源市场委员会（Australia Energy Market Committee，AEMC）和澳洲能源市场运营中心（Australia Energy Market Operator，AEMO）三者分工明确，共同推动澳洲国家电力市场（National Electricity Market，NEM）从一体化体制向市场化体制转轨。曾经澳大利亚一度出现了国家电力准则管理局（National Electrical and Communications Association，NECA）和澳洲竞争及消费者委员会（Australia Competition & Consumer Commission，ACCC）两个独立机构且都对 NEM 有监管职能的状况，为防止决策矛盾，澳大利亚联邦政府成立了更高级别的澳洲能源顾问局（Ministerial Council on Energy, MCE）来负责澳大利亚能源（电力和天然气）市场体系的顶层设计。

（本节撰写人：熊宇威、张琛　审核人：韩新阳、吴丹曼）

# 5.4 日本——促进新能源安全高效并网策略

### 5.4.1 转型背景

传统能源目前仍然是日本最主要的能量来源,然而日本能源资源匮乏,是能源自给率最低的国家之一,加之自然条件受限,比如适合铺设太阳能面板的土地面积少,适合海上风电的海域面积仅为英国的 10% 并且发电效率仅为欧洲国家的一半,因此,日本短期内难以摆脱对传统能源的高度依赖。

2012 年出台可再生能源固定价格收购制度(FIT)后,可再生能源得到迅猛发展。从 2012 财年到 2021 财年,日本新能源装机容量增长了 3.3 倍,发电量增长了 4.3 倍。但是,在碳中和、能源转型的背景下,新能源将持续高速发展,其消纳问题将日益突出,须及早布局。为此,从 2018 年第一次开始限制新能源出力后,日本经产省就着力组织研究应对措施。几年来,通过反复研讨与沟通,业内对如何缓解新能源出力限制的基本原则逐步达成共识,并不断完善相关具体举措。

限制新能源出力不可避免,缓解限制的措施应在综合评估系统安全、建设成本和社会效益等的基础上实施,不能片面地只为增加消纳而进行大规模电网改造,增大社会成本。为此,日本将提高新能源的并网安全性作为首要考虑,谨慎提高新能源并网规模,并且最大化利用效率。

### 5.4.2 重点举措

**一是推动新能源发电在线控制装置应用,通过精细化控制提升利用率。**

鼓励并持续推动安装新能源发电在线控制装置,在线控制可根据当天 2 小时前的供需预测灵活调整出力,从而提高新能源出力的实际利用率。目前,九州电网光伏、东北电网风电的在线控制率已提升至 82.2% 和 85.4%,出力利用提升了 30%。出台了在线代理控制政策,由在线控制发电商代理离线控制发电商承担出力限制义务,提升出力控制精准度。

**二是充分挖掘电力系统调节潜力，增强电网安全韧性和调节柔性。**

继续挖掘火力发电灵活性潜力，计划从 2024 年开始将新建火电最小出力标准由现行的 50% 下调至 30%。同时，最大限度地发挥抽水蓄能电厂的调节作用，增强电网安全韧性、调节柔性。

**三是持续增强区域电网互补互济能力。**

（1）研究制定面向 2050 年实现碳中和的广域系统总体规划，加强区域间联络线建设，制定北海道 - 本州间海底直流输电方案及计划，增强区域电网间互补互济能力。

（2）在电力运营机构的组织下，继续推进研讨调节能力跨区域互济运行方式和费用结算方法，计划 2024 财年出台合同范本。

**四是充分挖掘政策、制度、管理等软潜力，助力用户侧可再生能源消纳。**

（1）电网公司调整输配电价，实施新能源难消纳时段输配电价优惠政策，通过价格引导用户配合可再生能源消纳。

（2）继续大力推进分时电价措施，利用电动汽车、热泵式热水器等，促进低谷时段电力需求。

（3）积极挖掘需求侧响应、可控负荷潜力，推进负荷聚合商技术规范的完善及商业模式的实证与推广。

（4）研讨突破零电价、负电价等制度障碍的可行性，提高零售电价与批发电价的波动关联性，加大电价对用电行为的引导力度。

**五是发电企业参与新能源输配成本分担，整体优化电力供应成本。**

由于日本输配电费的计价方式采用两部制，即以容量计价的基本电费和以电量计价的电度电费，两部分构成且比例约为 3:7。而在电网的实际成本结构中，固定费用和变动费用的比例约为 8:2，两者形成倒挂。输配电费结构与实际成本的严重分离不仅扭曲了成本价格关系，而且降低了输配电费回收的稳定性与可预见性。通过发电侧分担输配电费机制的建立，可以适当缓解这种成本价格的扭曲程度。原则上所有上网发电的电源都须分担输配电费，但不包括功率小于 10 千瓦的电源以及过去已经签订可再生能源固定价格上网（FIT）或可再生能源固定溢价上网（FIP）合约的电源。对于新机制实施后签订 FIT 或 FIP 合约的电源，虽需要分担输配电费，但可将该费用转嫁至合约价格中。

### 5.4.3　发展经验

**一是聚焦潜力挖掘，提高利用效率。**

在受诸多现实条件制约，无法在短期内通过技术突破、电网升级来提升新能源消纳水平时，挖掘电网调节潜力，同步细化新能源管理的时间颗粒度，是提升新能源消纳水平的有力措施。

**二是发电企业承担新能源并网成本是优化电价机制、引导良性市场竞争的可选方式。**

通过发电企业承担新能源并网成本，可以平衡各类发电企业的成本和收益，减少传统能源发电和新能源发电之间的价格差异，有助于推动传统能源发电企业转型为新能源发电企业，提高新能源发电的市场竞争力。

（本节撰写人：丁玉成　审核人：靳晓凌、韩新阳）

# 5.5　相关启示

在国际电力转型实践中，各国根据资源禀赋、电力基础、用能需求制定了各具特色的转型战略与实施路径，其共同点是将资源禀赋作为制定转型战略的先决因素，将技术创新作为主要驱动力，将政策机制作为基本保障，将能源安全作为发展基石，这为我国制定适应国情的能源转型战略提供了有效借鉴。

**一是能源资源条件是影响转型战略路径的先决因素，多元化发展是支撑转型战略落地的必然要求。**

能源对外依存度、本地资源开发程度、电力基础与用电需求的匹配程度是制定战略路径和目标的边界条件。从各国经验来看，需供给侧构建多元化电源体系，充分发挥煤、气、水、核、风、光、储等多能互补优势；需求侧推动构建多元化终端用能体系，提高能源综合利用效率，降低单一能源品种供应的短缺风险。此外，新型储能需要向大容量、长周期、高安全、低成本方向发展，还要提高电网大范围优化配置能力，解决能源资源与需求分布不均衡问题。

**二是技术创新是驱动电力系统转型的基础动力因素，降低碳密度、提高能源密度是必由之路。**

技术变革是推动主导能源从传统能源到新能源的基础动力，核心技术的方向是从低能量密度能源到高能量密度绿色使用的替代，主要包括低碳技术创新、绿色技术创新、新能源技术创新等能源领域内的技术创新。技术创新是一个循序渐进的过程，呈现明显的阶段特征，随着突破性技术的发展与广泛应用，将带来能源转型战略和路径的大跨度变革。

**三是政策供给是电力系统转型顺利推进的基本保障和激励，政策机制对本地区体制的适宜性转变是共同追求。**

要进一步做好政策供给，系统提出能源绿色低碳转型的体制机制和政策措施，为推进电力系统转型提供有力的政策保障。在可再生能源领域，中国已经形成了以《可再生能源法》为基础，以战略规划、产业政策、技术标准、监管规制为支撑的日益完善的可再生能源政策体系，为可再生能源发展提供了重要保障。下一步，修订《可再生能源法》，服务新能源快速发展，进一步完善新能源开发建设政策，加快研究制定新型电力系统政策和技术标准，不断提升电力系统接网消纳能力。

四是保障能源安全是推动电力系统转型的基石，新能源安全替代是能源转型成功的核心关键。

　　能源转型必须建立在能源安全的基础上。能源安全不仅要确保煤炭、石油、天然气稳定供应，还要确保可再生能源原材料、技术、设备安全以及现代化的电网安全。只有构建成熟可靠的能源产业链供应链体系，安全稳定运行的电力系统，才能确保能源系统安全可靠，电力系统具有坚强韧性和弹性。

（本节撰写人：张琛　审核人：韩新阳）

# 参考文献

[1] 辛保安 . 新型电力系统与新型能源体系 [M]. 北京：中国电力出版社，2023.

[2] 国网能源研究院有限公司 . 中国能源电力碳达峰碳中和路径与重大问题分析 [M]. 北京：中国电力出版社，2023.

[3] 杜祥琬，曾鸣 . 应从四方面优化东西部新能源发展格局 [N]. 中国能源报，2021-04-07(005).

[4] 中国电力企业联合会 . 中国电力行业年度发展报告 2021—2023 [M]. 北京：中国建材工业出版社，2021—2023.

[5] 国家统计局 . 中国能源年鉴：2005—2022 [M]. 北京：中国统计出版社，2005—2022.

[6] 国家能源局 . 2022 年全国电力工业统计数据 [EB/OL]. https://www.gov.cn/xinwen/2023-01/18/content_5737696.htm.

[7] 中国电力企业联合会 . 2023 年上半年全国电力供需形势分析预测报告 [EB/OL]. https://www.cec.org.cn/detail/index.html?3-323217.

[8] 电力规划设计总院 . 中国电力发展报告 2023[M]. 北京：中国电力出版社，2023.

[9] 编写组 . 新型电力系统发展蓝皮书 [M]. 北京：中国电力出版社，2023.

[10] 中国能源研究会储能专委会，中关村储能产业联盟 . 储能产业研究白皮书 2023[R]. 北京：中关村储能产业联盟，2023.

[11] 舒印彪 . 新型电力系统导论 [M]. 北京：中国科学技术出版社，2022.

[12] 周勤勇，何泽家 . "双碳"目标下新型电力系统技术与实践 [M]. 北京：机械工业出版社，2022.

[13] 陈金玉 . 新型电力系统省级示范区建设技术路径 [M]. 北京：中国电力出版社，2022.

[14] 国网浙江省电力有限公司 . 新型电力系统省级示范区研究与实践 [M]. 北京：中国电力出版社，2023.

[15] 林丽平 . "三大三先"打造新型电力系统福建示范 [N]. 国家电网报，2023-10-20(001).

[16] 郭剑波，王铁柱，罗魁，等 . 新型电力系统面临的挑战及应对思考 [J]. 新型电力系统，2023, 1(1): 32-43.

[17] 刘吉臻，王庆华，胡阳，等 . 新型电力系统的内涵、特征及关键技术 [J]. 新型电力系统 . 2023，

1(1): 49-65.

[18] 孙启星，张超，李成仁，等."碳达峰、碳中和"目标下的电力系统成本及价格水平预测 [J]. 中国电力，2023, 56(01): 9-16.

[19] 刘志强，叶春，张源，等. 煤电"三改联动"实施分析与措施建议 [J]. 热力发电，2023, 52(05): 154-159.

[20] 李阳，王锐，赵清民，等. 中国碳捕集利用与封存技术应用现状及展望 [J]. 石油科学通报，2023, 8(04): 391-397.

[21] 饶宏，周月宾，李巍巍，等. 柔性直流输电技术的工程应用和发展展望 [J]. 电力系统自动化，2023, 47(01): 1-11.

[22] 卢力媛，王春. 35 千伏公里级超导电缆投运　兼具高传输效能和空间经济性 [N]. 科技日报，2022-01-05(005).

[23] 白春礼. 碳中和背景下的能源科技发展态势 [J]. 上海质量，2023(02): 17-21.

[24] 刘耀，肖晋宇，赵小令，等. 无线电能传输技术发展与应用综述 [J]. 电工电能新技术，2023, 42(02): 48-67.

[25] 马莉. 电 - 碳市场协同发展　助力实现碳排放"双控"目标 [J]. 中国电力企业管理，2023(22): 50-53.

[26] 朱宗耀，王秀丽，吴雄等. 考虑多场景规划的共享储能投资及运营分析 [J]. 电力系统自动化，2023, 47(07): 23-31.

[27] 康重庆，刘静琨，张宁. 未来电力系统储能的新形态：云储能 [J]. 电力系统自动化，2017, 41(21): 2-8.

[28] Mediwaththe C P, Shaw M, Halgamuge S, et al. An incentive-compatible energy trading framework for neighborhood area networks with shared energy storage[J]. IEEE Transactions on Sustainable Energy, 2020, 11(1): 467-476.

[29] EIA. Total electric power industry summary statistics [EB/OL]. https://www.eia.gov/electricity/annual/html/epa_01_02.html.

[30] 焦红，陈红，张帅. 碳中和背景下我国能源电力系统转型策略研究——兼析典型国家电力转型的主要经验做法 [J]. 价格理论与实践，2021(12): 50-53.

*163*

[31] National Renewable Energy Lab.. Examining Supply-Side Options to Achieve 100% Clean Electricity by 2035[EB/OL]. https://www.nrel.gov/docs/fy22osti/81644.pdf.

[32] 董一凡 , 申青青 . 从能源转型角度探析欧盟能源发展前景 [J]. 国际石油经济 , 2023, 31(04): 12-19.

[33] IEA. World Energy Outlook 2023[EB/OL]. https://www.iea.org /reports/ world -energy-outlook-2023.

[34] IRENA. World Energy Transitions Outlook 2023: 1.5℃ Pathway[EB/OL]. https://www.irena.org/Publications/2023/Jun/World-Energy- Transitions-Outlook-2023.

# 致 谢

道之所存，师之所存。在本报告的调研收资和编写过程中，得到了国家电网有限公司政策研究室、发展策划部、安全监察部、市场营销部、科技创新部、国际合作部、国家电力调度控制中心及北京电力交易中心有限公司等的悉心指导，得到了中国电机工程学会、中国电力企业联合会、国家发展和改革委员会能源研究所、电力规划设计总院、国网经济技术研究院有限公司、国网智能电网研究院有限公司、中国电力科学研究院有限公司、全球能源互联网发展合作组织、中国华能集团有限公司低碳城市研究院、清华大学、华北电力大学等单位相关专家的大力支持。

借此机会，诚挚感谢各位专家对本报告的框架结构、内容观点提出的宝贵建议（按姓氏笔画排序）：

王　伟　王雅婷　皮俊波　刘景延　杨　方　张卫东

张正陵　李震宇　杜尔顺　时璟丽　易　俊　赵春阳

赵国亮　袁家海　崔　凯　商全鸿　魏　韡